谈判的艺术

如何用妥协的智慧实现双赢

于反 主编

中国法制出版社
CHINA LEGAL PUBLISHING HOUSE

序言
PREFACE

妥协是谈判中一种常见的手段，存在于谈判的过程中。在有必要的时候，我们应当进行妥协，如此才能避免出现僵持不下的局面，才能促使双方或多方尽早达成共识，从而实现真正的双赢。

然而，我们也应当注意到，妥协是一把双刃剑，并非越多越好。对于深谙谈判规则的人来说，如果我们不顾原则，一味地妥协，就很可能会陷入非常被动的境地，到时就会不得其利，反受其害。

因此，我们应当学会运用妥协这把双刃剑，其中最关键的就是把握好妥协的“度”。在谈判的过程中，我们既要知道应该什么时候向对方妥协，又要提醒自己不能超越妥协的限度。在这个过程中，我们会发现妥协从表面上看是一种带有“柔软”性质的策略，但实际上却受到坚韧不拔的意志的控制，不会随意屈服于对方向我们施加的压力。所以，妥协只是看似简单，实则复杂精妙，能够表现出善于谈判的智慧，让人茅塞顿开。

本书是一本专注于妥协艺术的智慧读本，是为读者量身定做的“谈判圣经”。本书针对妥协过程中可能遇到的各方面问题，从不同角度提出最有效也最切合实际的解决办法。书中内容丰富翔实，对如何把握妥协的原则以实现利益的最大化这一谈判的核心问题进行了透彻分析，内容涵盖妥协的战略诉求、前提条件、根本目的、限度、保障、战术等不同方面。

本书总结了世界著名谈判案例的成功经验，归纳出如何在谈判过程中运用妥协艺术的原则。不论你是一个谈判新手，还是一个谈判高手，要想取得一场谈判的胜利，都可以从本书中获益。

| 目录 |

CONTENTS

第一章 谈判的战略诉求

第二章 谈判的前提条件

第一章

谈判的战略诉求

——追求目标价值最大化

妥协是一种谈判策略，体现了谈判者用主动满足对方需要的方式换取自己需要得到满足的精神实质。

在商务谈判的过程中，每一次妥协都应该为最大限度地实现自己的目标价值而展开。因此，以最低程度的妥协换取最大目标价值的实现、以局部利益换取整体利益、以短期利益换取长远利益是商务谈判中妥协的出发点，也是妥协的根本战略。

成功的谈判是“双赢”

一位哲人曾说：“如果你准备玩一种新游戏，最好先弄清游戏规则。”对于谈判双方来说，必须先弄清楚谈判应该遵守的规则，然后接受这种规则。

一个对“什么是谈判”的形象说法是：两个或两个以上的人分一筐橘子，橘子稀缺，谁都想多得，文明人不提倡暴力，便发明了谈判。通俗点说，谈判就是由两个或两个以上的人通过协商达成一致，决定怎样分配少量资源的过程。在谈判中有三点是很重要的，那就是：敏锐的判断力、互相制约的规则和真诚合作的精神。

两个或两个以上谈判者的存在意味着这个决定分配的过程具有天然的互相制约性。也就是说在谈判中，一方的行为一般会对另一方有影响。所以，作为一个谈判高手，仅仅具有准确的判断力是远远不够的，还必须懂得怎样去与别人交流，怎样去影响、说服对手。而一个成功的谈判专家往往擅长与其他人一起合作来达到其目的。

有一个流传已久的故事，现在已经成为谈判传统的一部分：

一对兄妹为分一张吃剩的馅饼发生争吵，两人都坚持自己要分一块大的，可是在由谁来分的问题上两人始终无法达成一致，因为两人都害怕会被对方欺骗，分到较小的一块。

正在他们争执不下的时候，父亲来了。父亲知道他们的烦恼后不由失笑，接着他说："想要解决这个问题其实很简单。你们谁都可以切饼，不过选饼的时候必须让另一个人先选。"听了父亲的话，男孩拿起餐刀，正准备给自己切一块大一点的饼，可是想到分好饼后妹妹会先选择，那么她肯定会选择大的那块，自己不就吃亏了吗？所以，哥哥把馅饼切成了同样大小的两块，和妹妹各取一块，两人都觉得非常满意。

这个故事给了我们什么启示呢？在许多情况下，双方的利益不一定是对立的。所以与其耗费时间争执不下，还不如换一种思维，把从对方那里抢占利益变为与对方一起努力寻求一致，合作共享利益，那么最后双方都能获得好处，而且都会对结果感到满意。

由此可见，谈判只是一种手段，最终结果是要达成双方意见的一致。许多人都认为谈判现场肯定是一片战火硝烟，双方要争得你死我活，最终只能有一个胜利者。这其实是一个误解，英语里谈判也有"协商"的意思，也就是说，谈判的基础是彼此的信任与合作，谈判最后的结果是求同存异。因此，从这个意义上来说，谈判的成功要求双方不能一味地剑拔弩张、势不两立，而应互相寻求妥协，达成一个双方都能接受的结果。

就像下棋一样，谈判也是有规则的。在谈判中，你需要熟记以下几条：

谈判是一种双方自愿的活动，任何一方都可以在一定情况下退出或者拒绝协商。

谈判存在的前提是，至少有一方想要改变现状并且相信有可能达成这个结果。

进行谈判就意味着双方都希望尽快找到解决问题的办法。如果单方可以决定到底怎么办，再投入谈判过程中就是毫无意义的事。

对时间的把握是谈判中的一个关键部分。对全场的气氛以及最终讨论的结果，时间都起到十分重要的作用。

一次成功的谈判并不是指无论如何也要谈成或者仅仅是获胜，而是使谈判双方都得到想要的东西，实现“双赢”。

如果把谈判看成一场战争，两败俱伤的结局是谁都不想看到的，谈判者往往希望和平地解决问题，将容易使冲突级别上升的“重武器”放置一边。如果矛盾不停地升温，双方又采取一种令人不快的强硬策略，就会使谈判迅速陷入僵局。所以，一味地强硬不是长久之计。

谈判靠的是影响力和说服力，而不是强迫和威胁。在谈判时一味坚持强硬、顽固，甚至幻想能主导对方思想的想法是脱离实际的，只能使谈判者事倍功半。如果在谈判中总是绞尽脑汁琢磨怎样使己方显得强大，往往会错过使双方都达到“双赢”的机会。所以，从现在开始，在谈判时放下胜负思维，你将得到意想不到的收获。

确定谈判的目标

谈判像其他许多活动一样，“如果你不知道自己将要去哪里，你会很容易在别的地方停留下来”。懂得这个道理对谈判者很重要。

目标是谈判的前提，只有在明确、具体、可行的目标指引下，谈判才能有目的地、高效地进行。

谈判目标按可实现的程度首先是最低目标，其是指可以接受的最低结果。最低目标要明确地表达出来，如“对这笔交易除扣除5%意外事故的折扣之外，为补偿各种费用和管理费的开支，本企业的毛利应不低于30%”。最低目标的确立要考虑谈判实力和谈判双方的关系，更要从自己的资源需求和可供条件出发。

其次是争取目标。这是一个可以尽量争取的目标，也叫二级目标。它存在较大的谈判余地，应努力争取，但必要时也可放弃。

最后是最高目标，即理想的最佳结果。在谈判过程中，设置最高目标的人往往会比设置一般目标的人表现得好。不过，有时候期望越高，失望也会越大，这要承担一定的风险。总之，企业应根据不同的情况制定不同的策略，经过权衡利弊，确定较为合理的谈判目标。

谈判通常是在双方的最高目标之间进行的，而协议往往是在最低目标之间达成的。如果双方的最低目标没有相互重合，想要达成协议就会有点困难。当然，不是所有的谈判都可以列出一系列目标。如果是这样的特殊情况，则起码要制定一个现实可行的目标。谈判时头脑里有一个清晰的目标是至关重要的。

2011 年，全球领先的医药供应商瑞士龙沙集团准备与中国上海复星医药公司建立合作关系，共同开发中国市场急需的高技术壁垒的药物。

在前期合作意向已经达成的基础上，双方针对确定合资公司的名称、股权分配、资金投入等一系列问题进行了谈判。在谈判正式开始前，瑞士龙沙集团在确定目标方面做了大量工作，分别制定了最优期望目标、最低限度目标和可接受目标。

如在合资公司的名称和地址选择问题上，瑞士龙沙集团就将“由己方确定”作为最优期望目标，将“由对方确定”作为最低限度目标，将“由双方共同确定”作为可接受目标；同样，在股权分配问题上，瑞士龙沙集团也制定了己方占股 55% 的最优期望目标和 46% 的最低限度目标，而在 46%~55% 的区域内都是可接受目标；在资金投入方面，瑞士龙沙集团拟最低投入 4700 万元人民币，最高投入 5100 万元人民币；此外，在厂房、设备、土地、技术等方面，瑞士龙沙集团也制定了各层级的目标。

在确立目标之后，瑞士龙沙集团在谈判中一直把握底线，并较好地利用了手中的筹码（拥有完整的全球研发体系，生命科学领域的研究水平在全球处于领先地位），占据了谈判的主动权。与此同时，在谈判僵持不下时，瑞士龙沙集团采取了以退为进的策略，争取以较小的妥协换得对方的让步。比如，对方在股权问题方面不肯让步的时候，瑞士龙沙集团就提出了一个妥协意见：己方股权份额要达到 54%，但可以在合作前期的十年内每年让出己方利润的 1.5% 给对方。这样既不会大幅偏离己方的目标，也能让对方感受到足够的诚意，使对方的态度逐渐软化，为之后双方达成协议提供了条件。

最终，双方同意使用“瑞士龙沙集团上海公司”的名称，瑞士龙沙集团出资额为 45%，占总股份的 51%。这个结果可以说比较圆满地实现了预期的谈判目标。

瑞士龙沙集团通过划定目标范围，在谈判中稳扎稳打，成功实现了己方目标价值的最大化。这是一个典型的运用目标原则的例子。

我们在现实生活中也会遇到很多类似的例子。比如，你的儿子向你要 200 元作为周末外出游玩的费用。你说：“不行，我不会给你 200 元。你知不知道，我在你这么大的时候，一周只有 10 元零花钱，还舍不得用，会攒起来购买真正有价值的东西。所以就给你 50 元，不能再多了。”在这里，由于你确定了能够给出的金额是 50 元，所以这便是你的最高目标。

但是你的儿子显然不会对这个结果感到满意，他会继续讨价还价，直到你不得不做出妥协，再掏出一些钱。当然，你得有自己的底线，假设这个底线是100元，那么这就是你的最低目标，无论如何你都不应低于这个目标。否则你的儿子尝到了“甜头”，就会不停地软磨硬泡，使你一次次打破底线，给出更多的金钱。

总之，在所有的谈判中，双方都会有各自最想得到的东西，这些最高目标代表谈判者最想得到的或最理想化的结果。当然，在许多谈判中，谈判者都缺乏特定的、具体的最高目标。例如，买主通常希望价格越低越好，但是如果他认为可以用1分钱买到一栋房子，那就是做梦。卖主则希望价格越高越好，但如果他以为一辆二手的丰田汽车就可以卖到100万美元，那也未免太不切实际。所以当我们说到最高目标时，都是建立在那些可实现的估价的基础上的。

因此，在没有开始谈判之前，我们对于想要从谈判中获得什么必须有一个清晰的认识，这一点是至关重要的。但是在实际中，很多谈判者要么事先没有明确目标，要么在谈判中偏离了目标，谈判结果不但出人意料，而且往往令人无法接受。为了避免出现这样的结果，我们应当在谈判开始前收集大量的准确信息，以全方位分析自己和对方的需求，确立谈判目标。

我们不妨自问一下，哪些事项对你和对方是最为重要的，你和对方最了解的又是什么，是价格、质量，还是时间安排？脑海里先需要有一个轮廓，然后现实一点，确定渴望达到的最佳结果是什么。是否有一些事项对你来说不那么重要，但是对于对方而言却至关重要，把握这些事项，你就可以和对方讨价还价，以期在非常重视的那些目标上获得最好的结果。

下面的这个练习为你提供了一个大致的框架，可以帮你确立自己的目标，并估计对方的目标可能是什么：

制作一个愿望列表，写出你希望通过谈判达到的所有目标——从最现实的目标到最理想化的目标。

判断自己最想达到的目标是长期目标还是短期目标，然后按照各目标的重要性，排列愿望列表中的项目。

考察目标的现实性。可以对列表进行加工，排除那些你觉得不可能实现的目标。但是，这些被排除的目标其实代表着一种创造力，所以不要完全将其抛诸脑后，而是可以尝试在谈判中运用这种创造力改变谈判的进程，为自己制造更多优势。

从对方的角度重复前面的步骤。通过了解对方可能提出的目标，可以确认自己的哪些目标会与对方的目标发生冲突，并准备好如何在谈判阶段解决这些冲突，这会让你在谈判过程中表现得从容自如、进退得当。

在整个谈判过程中保持头脑清醒，时刻记着这些想法，确保你的言谈举止不会影响目标的实现。

分清主次目标

谈判者越能分清主次目标、越能充分掌握多重目标之间出现冲突时的解决办法，他在谈判过程中获得的最终利益就会越大。

在开展商务谈判活动之前一定要把目标写下来，并根据优先等级做相应的排序。目标要分清轻重缓急，知道哪些是主要目标，哪些是次要目标，并把最终目标、现实目标和最低限度目标一一排列。另外，谈判时是否应该留有余地，在准备时要制定一个最低限度目标。通常人们都希望自己的所有目标都能在谈判过程中得到实现，但事实往往不会如人们希望的那样完美。人们遇到的大多数情况是：如果想实现这个目标，那么就必须放弃另外一个目标，二者不能兼得；至于如何平衡并解决这些目标之间的冲突，就要看谈判者对主次目标的理解和掌握。

实践证明，谈判者越能分清主次目标、越能充分掌握多重目标之间出现冲突时的解决办法，他在谈判过程中获得的最终利益就会越大；相反，如果谈判者对某一商务谈判的主次目标划分不清，并且对多重目标之间可能出现的冲突也没有充分准备，那么只能在谈判过程中处于被动地位，而自身的利益最终也很难实现。

当预测到多重目标之间可能出现冲突时，谈判者应该根据每个目标代表的利益需求确定妥协战略，即在列出谈判目标的优先顺序之后，谈判者应该分清哪些是可以让步的，哪些是不能让步的，对可以让步的目标具体应该采取怎样的策略进行让步、具体应该让步到什么程度、在做出让步时应该从对方那里换取哪些利益……这些问题必须考虑清楚。因为商务谈判是一项复杂的、充满变数的活动，如果事先没有考虑清楚这些问题，就很容易在谈判过程中出错，在不应该让步的地方做出让步；而在该让步的地方却没让步，使谈判陷入僵局，还可能使自己轻易损失本应争取到的利益。

关于如何分清主次目标，以及在商务谈判过程中如何以此为基础正确处理多重目标之间的冲突等问题，可以参考 2015 年美团网与大众点评网合并的谈判案例。

美团网是一家于 2010 年成立的团购网站，到 2014 年，美团的市场份额占比已经超过 60%。不过，由于市场竞争日益激烈，美团承受的市场竞争压力越来越大，再加上阿里巴巴、百度等商业巨头进入市场，美团面临严峻的挑战。

为应对复杂的竞争形势，继续保持竞争优势，美团谋求与其他平台合并，以期通过规模优势增强竞争实力。而团购市场份额占比达到 29.5%，且客户群体相同的大众点评就成了美团的第一选择。

2015 年 10 月，美团和大众点评进行了商务谈判，希望达成战略合作，共同成立新公司“新美大”。在谈判正式开始前，美团制定了清晰的战略目标体系，内容涉及双方的股权分配、董事会席位、CEO 决策权、市场定位等诸多方面。

当然，对于多重谈判目标，美团也进行了综合评估，划定出需要争取的主次目标。比如，“获得董事会的同等席位”“采用联席 CEO 制”“合并后获得对方资源等方面的支持”“放弃价格战”等，这些都是一定要争取的、不能做出任何让步的主要目标；至于新公司选址、员工保留情况等方面的目标则属于次要目标，在谈判中如果需要让步，是可以让步，甚至是可以放弃的。

在分清主次目标后，美团与大众点评进行了数次谈判，双方讨价还价，都做出了一些让步，最终达成战略一致。根据谈判结果，新公司成立后将以独立自主的管理模式运行，并实行联席 CEO 制度，由美团 CEO 王兴和大众点评 CEO 张涛共同担任联席 CEO。与此同时，大众点评不再参与高频、低客单价领域的价格战、补贴战，这有利于增进两家公司之间的业务合作，避免出现恶性竞争。另外，两家公司在人员结构上保持不变，同时加强优势互补，可以共享美团良好的客户基础、极强的线下执行能力和大众点评的用户评价数据，由此实现最大程度的资源整合，使两家公司的市场竞争能力都迈上了一个新台阶。而这样的结果正是美团追求的谈判的主要目标，所以美团方面对这样的结果是非常满意的。

美团能够取得理想的谈判结果，与其对谈判目标的准确制定和合理评估是分不开的。通过反复地比较、筛选，美团才能够从多重目标中找到主要目标、次要目标，并弄清楚它们之间的连带关系。这样在谈判过程中，遇到需要妥协的时候，就可以适当牺牲或放弃次要目标，确保最重要的目标能够实现。而这就是商务合作过程中普遍存在的得失规律，有得必有失；谈判中的任何一方都想实现更多的目标，但现实往往不遂人愿，于是为了实现主要目标，就只能牺牲次要目标。

当然，为了在谈判中做到得心应手，我们不仅要分清己方的主次目标，还应该设法弄清楚谈判对手最想实现的主要目标和次要目标。只有这样，才能更好地掌握妥协的方式和限度，最终达到以最小的让步换取最大利益的核心目标。

价格就是双方利益的交叉点

价格最直接地反映了谈判双方的利益。谈判双方在其他利益上的得与失，在很多情况下或多或少都可以折算为一定的价格，并通过价格的升降得到体现。可以说，价格就是谈判过程中双方利益的交叉点。

商务谈判包括很多类型，如商品贸易谈判、工程承包谈判、项目合作谈判、投资谈判、代理谈判等。不同类型的商务谈判涉及的因素不同，因此谈判者的需求和利益也表现不一，但几乎所有的商务谈判都以价值为核心内容，而且几乎所有的商务谈判都会在价格问题上进行较长时间的磋商。

为什么不同类型的商务谈判都以价值为核心内容，而且通常都会在价格问题上胶着较长时间呢？这是因为在商务谈判中，价值的表现形式——价格，最直接地反映了谈判双方的利益。谈判双方在其他利益上的得与失，在很多情况下或多或少都可以折算为一定的价格，并通过价格的升降得到体现。可以说，价格就是谈判过程中双方利益的交叉点。

作为商务谈判中必不可少的一项内容，价格经常会受到其他交易条件的影响，如订购产品的数量、质量、交货期、付款方式、售后服务等，同时价格还与谈判者的需要紧密相连。如果我们处于卖者的地位，同样的商品，同样的价格，在同样内行的两位谈判对手面前，一个感到太贵了，无法接受；而另一个似乎觉得很好，欣然签约。这样的事例在实际商务谈判活动中经常会遇到，它们常会给人这样的印象：似乎价格的高与低是难以被科学客观地界定的，所以常常带有浓厚的主观色彩，而这种主观色彩正是人们的需要。作为出售商品或服务的一方，如果你提供的商品的性能、服务品质和相关条件越能满足对方的实际需要，那么对方越会觉得你的报价很合理，并欣然接受；反之，如果你提供的商品的性能和相关条件与对方的要求相距甚远，那么你的报价就会让对方感到太高而无法接受。

如果我们定义前者为“积极价格”（即商品的性能和相关条件符合对方需要的情况下的报价），定义后者为“消极价格”（即商品的性能和相关条件与对方需要相距甚远的情况下的报价），那么出售商品或服务的谈判者的任务就在于：一是在谈判前或谈判中通过把握对方的需要而将“积极价格”定到合理的价位上，从而扩大交易的利益；二是在谈判中通过分析把握对方的需要，或是通过介绍、宣传、诱导，引发对方新的需要，实现消极价格向积极价格转化，从而达成交易。

同样，对于购买商品或服务的谈判者来说，也需要了解对方愿意接受的最低价位，然后想尽办法向其靠拢，以便付出较少的金钱就能促成交易。

2016 年 3 月，浙江省宁波市的一家制造企业准备从瑞典进口一批电机设备。为了以最优惠的价格达成交易，该企业派出了最优秀的谈判团队，其中包括三名资深的工程人员。他们在抵达瑞典前就已经调查了大量资料，对市场情况了如指掌，并根据市场行情和瑞典公司历年来的报价情况，拟定了最理想的成交价格 95 万瑞典克朗。如果瑞典方面实在不能接受，也可以做出适当让步，但最高不能高于 105 万瑞典克朗。

双方之间的谈判如期举行。瑞典方面一开口就提出 120 万瑞典克朗的高价，中方人员质疑后，瑞典方面拿出了一些质量方面的数据，指出己方生产的电机设备在市场上无人能及，并且还可以提供十年免费维修和保养服务,所以这个价格是十分“公道”的。中方人员马上拿出之前收集的资料，所有的数据一清二楚，连最新的交易数据都包含在内。瑞典方面没有想到中方会做这么充足的准备，只好同意对价格进行让步，下调到 110 万瑞典克朗。

然而，110 万瑞典克朗的价格仍然高于中方的预期，他们无法接受。谈判陷入僵局，瑞典谈判代表失去耐心，将合同扔在地上,拂袖而去。中方人员并没有慌,他们回到宾馆静静等待。

瑞典方面本以为中方代表急于回国，会对价格进行妥协，哪知一连等了三天，都不见中方人员的影子。瑞典方面听说中方人员正在与其他电机供应商联系，更是沉不住气，只好再找中方人员重启谈判，并提出 105 万瑞典克朗的新价格。中方人员知道瑞典方面仍有妥协的余地，因为他们去年出售的一套同样规格的设备，报价仅为 102 万瑞典克朗。所以中方代表继续讨价还价，最终瑞典方面同意以 101 万瑞典克朗的价格成交，而且售后服务期限延长至 15 年，同时瑞典方面同意承担设备运输到中国所产生的物流费用。

在这个案例中，中方代表在进行价格谈判时，可以说占尽主动权，而这和他们做了充分的准备工作有很大关系。只有知己知彼并考虑多种因素的影响，才能制定出最为精确的价格，也才能够发现对方还有妥协的余地，并可以想办法让对方在价格方面做出让步。

当然，谈判者在关注价格、坚持己方利益的同时，还要考虑到和对方维持长远的合作关系。所以，谈判者不能仅仅局限于价格，还应该拓宽思路，设法从其他利益因素上争取应得的、长远的利益。与其在价格上与对方争论不休，还不如在其他利益因素上使对方在不知不觉中让步。这就是为什么高明的谈判者看似在价格方面主动向对方表示妥协，但最后其获得的利益反而更多的主要原因。如在上述案例中，中方代表就对最理想价格 95 万瑞典克朗进行了一定的妥协，以 101 万瑞典克朗的最终价格达成交易，同时也获得更加完善的售后服务，还不用承担物流转运费用，可谓收获颇丰。我们不妨学习一下这种妥协战略，这样不仅能够使我们获得更多的利益，也有利于解决存在于谈判双方之间的许多矛盾。

比如，当谈判双方在价格问题上相持已久却难以及时打破僵局时，不妨先在价格这一利益交叉点上做出适当的让步，但在让步的同时必须向对方提出付款时间、付款方式以及长期合作的机会等要求。这样不仅能够一举打破僵局，还能在实现短期目标的基础上进一步促进长期目标的实现。这种做法无疑是处理多重目标冲突的一种重要途径，而且这种做法本身就是妥协战略的一种体现。

总之，在确定商务谈判目标时，我们一定要清晰明确地认识到长远目标和短期目标、主要目标和次要目标之间的联系和区别，还要及时、准确地判断各种目标之间可能出现的种种利益冲突。另外，我们还要清楚，当多重目标之间出现冲突时，如当产品价格和数量出现冲突时，应该运用怎样的妥协战略正确处理这些冲突，以达到获取最大利益的目标。

妥协之前要权衡得失

妥协虽然在某种程度上使人们失去一些东西，但这种失去是为了更长远的获得。当然，适度妥协并不是没有原则的妥协，关键是要把握适度。不能因为妥协而丧失原则。

在这个日益强调经济协作的商业社会中，人们从事商务谈判活动的目的通常是寻找一种长期、稳定的双赢合作关系，这种关系是以双方之间某些需求的相互补充为基础的，其目的是双方长期的共同利益的实现。许多时候，进行商务谈判活动的双方都希望可以达成一种有更好结果的合作，谈判双方的目标则是减少费用与风险、改善收入以及从双方的接触和经验中获益。

正所谓有得必有失，任何谈判活动都是在双方互相竞争和互相妥协的基础上完成的。如果只想一味地争夺更多的利益，而不愿意在某些方面做出适度的妥协以满足对方的合理需求，双方就难以达成协议。不愿妥协的人往往想追求完美。但在现实生活中，追求完美只能作为一种境界与奋斗目标，在竞争日益激烈、节奏越来越快的市场环境中，更加崇尚快速决策与团队协作，而适度妥协就像促进双方合作的润滑油。

当然，适度妥协并不是没有原则的妥协，关键是要把握适度。不能因为妥协而丧失原则，也不能因为妥协而偏离最终目的。总而言之，适度妥协是为了达到更好的效果，其本身是一种积极的行为。什么是不能妥协的？肯定是一个企业的立足之本，如西门子家电中国区总裁盖尔克先生曾说过，西门子在产品质量方面永不妥协，“绝不为短期利益牺牲未来”。所以，明白什么是不可以妥协的与明白如何妥协同样重要，都是为了实现企业的终极目标。

妥协虽然在某种程度上使人们失去一些东西，但这种失去是为了更长远的获得。下面这个案例中的谈判结果就反映了这种补充关系。

2016 年 9 月，中国的一家汽车公司在开发一款新车型时，准备找国外优秀的外包公司合作进行概念设计。经过一段时间的调查和筛选之后，他们选择了意大利的一家设计公司。这家设计公司在业内享有不小的名气，但此前还没有设计过针对中国市场的概念车型，所以中方比较担心花费大量设计费用后达不到预期的效果。

基于这个原因，中方在合作谈判中提出意方以 50%~60% 的价格提供一次设计服务，如果该车型投放市场后反响良好，双方就可以进行长期合作。按理说这个要求是非常苛刻的，意方最初也坚决予以回绝。但是意方公司近几年的经营业绩不佳，急需资金缓解危机，再加上意方非常看好中方公司的发展前景，希望能够和中方建立长远的合作关系。所以意方在反复斟酌后，终于同意做出让步，接受了中方提出的 60% 的报价，为中方提供了设计服务。

不久，这款合作开发的新车型投放市场后赢得了消费者的青睐，销量节节攀升。中方公司在欣喜之余也没有忘记与意方签订长期合作合同。意方公司赢得了这样的大客户后，经营不善的局面很快得到了扭转。

在这个案例中，意方十分关注自己的“得”与“失”，他们既希望能够摆脱眼前的经营困境，也想赢得未来发展的机遇。所以在谈判过程中，意方做出了理性的考量，面对中方对报价进行下压的事实，意方没有意气用事，而是反复权衡得失，最终选择牺牲小利以获得和大客户长期合作的机会。而事实证明意方的选择是正确的，虽然他们确实失去一些短期利益，但今后获得的利益却是难以估量的。

从这个案例中我们也可以发现，无论人们在商务谈判的过程中做出怎样的妥协和让步，其实都是对自身利益的得失进行综合分析和权衡之后采取的必要手段；如果没有进行充分的分析和权衡就盲目妥协，只能导致无谓的损失。所以，几乎所有的协议都是不同国家和地区、不同利益集团相互妥协、相互折中的产物。如果没有得与失的互补，就没有商务谈判中的种种妥协，也就不会达成合作协议。

在风险与机会之间妥协

商务谈判活动在创造无限发展机会的同时，蕴含着不可预测的风险。商务谈判者在进行谈判活动时必须认真权衡利弊，以便创造更多的双赢合作机会，更巧妙而有效地规避谈判过程中的种种风险。

在竞争激烈的商业社会中，任何一项商务活动在创造无限发展机会的同时都蕴含着不可预测的风险。作为商务活动的一种重要形式，商务谈判也不例外。在商务谈判活动中风险与机会之所以会并存，其主要原因就在于谈判本身的复杂性、竞争性，谈判过程中种种问题的不可预测性，以及协议达成之后外界环境的变化等。由于这些原因的存在，商务谈判活动不可避免地在拥有双赢合作机会的同时，也面临着一方损失大于获益甚至双方都损失惨重的风险。这就使商务谈判者在进行谈判活动时必须认真权衡利弊，以便创造更多的双赢合作机会，更巧妙而有效地规避谈判过程中的种种风险。

人们从来没有因为商业活动的风险性而放弃它，因为正是对机会的追求和对风险的巧妙周旋才有了生机勃勃的商业。所以，尽管明知道有些商务谈判必定会给自己和企业带来较大的风险，人们也愿意一搏，如香港周大福集团收购澳大利亚公用事业公司的谈判就是这样的例子。

2017 年 4 月，香港周大福集团以 40 亿澳元（约合人民币 211.7 亿元）的价格收购了澳大利亚公用事业公司（Alinta）。这家澳洲公司是西澳大利亚最大的电力零售商，而周大福集团除经营珠宝生意外，还兼顾房地产开发、酒店服务、百货公司以及多项投资业务。

近几年，周大福的珠宝生意经营情况不容乐观，再加上香港土地价格不断攀升，地产业务的回报也逐年缩水，所以周大福非常渴望找到新的投资机会。而澳大利亚近几年电价连续上涨，Alinta 业绩持续走高，自然受到包括周大福在内的众多投资者的青睐。

不过，周大福收购 Alinta 所面临的风险是巨大的。一方面周大福跨界进入新能源领域，可能会出现“水土不服”的问题；另一方面 Alinta 与上游的天然气供应商之间的价格争议问题还没有解决，再加上政府监管政策可能出现变动，种种因素都可能会在未来造成一定的经营风险。

尽管如此，周大福方面认为收购带来的机会将大大超过风险。由于澳洲电价预计还会继续上涨，这将为周大福带来满意的经济回报，也可以有效地分散经营风险。于是他们积极地与澳方接触，在竞价谈判中，为战胜其他对手，他们不惜做出适当的妥协。比如，周大福方面给出的报价非常优厚，远超其他向 Alinta 伸出“橄榄枝”的竞争对手；不仅如此，周大福方面同意不改变 Alinta 现有的管理团队；而且在收购完成后，还将帮助 Alinta 在西澳大利亚建设一个价值 6 亿元的风力发电厂，并准备购置太阳能和电池设备，以缓解 Alinta 面临的能源困难。

通过周大福方面的积极努力，收购 Alinta 的交易终于成功获批。周大福将从这笔交易中获得稳定的回报以及充足的现金流。

香港周大福集团在与澳大利亚公用事业公司进行并购合作和谈判时，对风险和机遇的评估非常重视，既没有盲目高估机遇，也没有过分低估风险；既考虑到收购后可能出现的经营上的“水土不服”的问题，又考虑到行业美好的前景。经过一系列分析权衡之后，他们认为这笔交易的机会大于风险，就坚定地将谈判进行下去，并不惜在关键时刻向对方做出适当的妥协和让步，以争取最终达成交易。因为只有如此，才能为自己带来更多的长远利益。

事实上，任何一次商务谈判都是风险与机会并存的。商务谈判人士不仅要在谈判过程中认真分析双方的利益互补和需求的关系，还应该全面而长远地权衡蕴含在谈判过程中以及谈判协议形成后的种种风险和机会。

蕴含在商务谈判过程中以及谈判协议形成后的机会和风险是一对相互斗争、相互妥协的矛盾。当人们认为机会大于风险时，风险就会妥协于机会，反之亦然。而风险与机会的这种相互斗争和相互妥协实际上也是妥协战略的一种体现，因为所谓的机会正是实现最大目标价值的机会，而所谓的风险则是为目标价值最大化的实现而进行的必要付出。

"零和"还是"双赢"

双赢才是真赢。高明的谈判者在谈判中能很好地处理与谈判对手之间的分歧，通过各种可能的方式把双方的利益需求引导到一个共同的目标层面上，使双方在谈判中均有利可图。

糟糕的谈判者在谈判中只看到自己的利益，如得到了什么、付出了什么，却认识不到他们强加的改变条件有时能提高附加价值，有时却只能产生一个毫无必要的、价格高昂的协定。他们不知道在某些地方是获利还是吃亏：某处得到的一个优惠条件可能完全被另一处额外增加的成本和风险所抵消，如因此而增加的费用等。这些人只想着不断地索取，只想着争夺眼前利益，不愿意在积极的妥协中实现与谈判对手的合作。而合作意味着谈判双方都能削减成本、降低风险、提高收益，争夺也许会带来某一方面的利益，但实际上最终会失去全盘优势，损失长远利益。

这种只想不断索取、不愿积极适度地做出妥协，只想争夺眼前利益、不愿在与对手的友好合作中获得长远利益的谈判者实际上是不合格的谈判者，因为他们没有真正理解谈判学中的“双赢”与“零和”这两个概念。所谓“零和”，是指各方可以获得的利益总和等于零，一方多得一点，另一方必然少得一点。按照这个逻辑看问题，在交易或竞争时，不存在双方同时赢的情况。而“双赢”代表的是一种互相妥协、互相合作的观念，即不认为双方的利益总和为零，而是认为只要处理得好，完全可以使双方都得利，实现利益互补。当然，处理好双方利益的关键是双方各自采取适当的妥协战略，如果其中的任何一方不断索取、毫不付出，这样的谈判就只能出现两种局面：一种是谈判很快在无法解决的僵局中宣布失败；另一种则是谈判以一方得利而另一方吃亏告终，而这种局面通常会导致谈判双方长期合作关系的破裂。

2012年5月，河南省郑州市的一家大型企业准备对一批厂房进行改造。在选择施工单位的时候，该企业看中了两家建筑公司A和B。其中A公司在技术、设备、人员、声誉方面无可挑剔，但是报价大大超出该企业的预期。而B公司是一家规模较小的新公司，在业内也没有什么名气。该企业虽然对B公司不太满意，但被B公司开出的低价吸引了。

经过一番抉择后，该企业打算与B公司合作。在正式谈判的时候，该企业提出一个非常苛刻的要求：全部工程由B公司自行垫付资金进行施工，施工完成后如果验收合格，才按合同结算款项。

B公司对这个要求提出了疑问，但是该企业的谈判人员拿准了B公司急于接下大生意的心情，拼命对B公司施压，还对施工质量提出了很多很难达到的要求。这样一来，B公司在垫付资金之外，所得的利润也比之前预估的要少20%。尽管如此，B公司的谈判人员为了不失去这桩生意，还是忍气吞声，答应了该企业提出的所有条件。谈判结束后，双方签订了合同，该企业的谈判人员沾沾自喜，认为自己的强势帮企业占了“大便宜”。

没想到在正式施工后不久，B公司就发现如果以合同中的报价来衡量，根本无法达到预期的改造效果。B公司又与该企业进行磋商，希望可以降低一些改造的要求，但遭到该企业的拒绝。无奈之下，B公司只好在建筑材料方面动手脚，对合同上没有做出硬性规定的材料全部使用市场上最便宜的劣质产品，而该企业却还蒙在鼓里。

最终，工程如期完成，该企业在验货时没有发现材料方面的“猫腻”，就将工程款如数支付给B公司。然而，改造后的厂房投入使用后不到三个月，就出现了严重的质量问题，该企业想要找B公司理论，却发现对方已经人去楼空……

在这个案例中，这家企业在谈判时就表现出“零和”思维，一味贪求己方占尽好处，完全无视对方的需求和利益。从表面上看，这家企业在谈判中确实占了大便宜，让对方吃了亏；但随着事态的发展，最终该企业的实际利益受到严重的损害，实在是得不偿失。

事实上，现代商务谈判的开展通常都是建立在合作双赢的基础之上的。因此，谈判者必须正确处理自身利益与对方需求之间的关系，否则就无法实现在与对方合作共赢基础之上的长远利益。

这种双赢观念现在已经越来越多地在现代商务谈判中突显出来。随着经济协作趋势的不断加强，任何一家企业都要经常与各种各样的利益集团打交道，针对其他利益集团的要求，有时候甚至是相互对立的要求，企业必须进行某种方式的妥协和协调，取得一种各方都能接受的中间立场。如果企业不愿意采取这种积极的妥协战略，那最终可能会失去很多。

其实，现代商务活动中的任何一种行为几乎都离不开协商谈判，不仅仅是并购谈判、贸易谈判、技术引进谈判，就连赔偿谈判也是在谈判桌上经过双方的协商和妥协完成的。正因为商务谈判对于现代商务活动具有如此重要的意义，商务人士才更应该深入了解“零和”游戏和双赢合作之间的差别，必须明白“世界上没有免费的午餐”，要想得到更多，就必须在其他方面适当地满足对方的要求。如果商务人士认识不到这一点，只是一味地追求在谈判过程中的利益争夺，一味地追求己方的完全成功，那么迟早会为其“成功”付出代价。

当然，我们所说的妥协并非不顾原则地一味向对方让步，而是倡导一种积极的妥协。所谓积极妥协，就是这种妥协必须是为全盘优势的实现服务的。只有认识到某一方面的妥协既符合对方的利益需求又能为己方换取另一方面的利益时，才选择最合适的方式做出相应的妥协。比如，聪明的谈判者通常会在做出妥协之前，巧妙地问对方这样的问题：“如果我们不要求提前交货，贵方在价格上能给我们什么优惠？”

与糟糕的谈判者相比，明智的谈判者能充分利用积极妥协的战略，他们会在确保双方合作双赢和己方长期利益得以实现的基础上主动向对方做出一定的妥协，然后以这些妥协换取己方真正需要的利益。如此一来，谈判桌上的双方不仅成功地避免了你输我赢的“零和”游戏，而且实现了需求互补、利益共享的长期合作。

总之，双赢才是真赢。高明的谈判者能在谈判中很好地处理与谈判对手之间的分歧，通过各种可能的方式，把双方的利益需求引导到一个共同的目标层面上，使双方在谈判中均有利可图。而要实现双赢，必须遵守以下三大原则：

识别对方需要什么

我们都有十分强烈的倾向，认为别人需要我们想要的东西。由于这一点，我们认为，在我们看来重要的事在别人眼中也是很重要的。但实际上并不一定是这样。谈判新手陷入的最大困境是觉得价格是谈判中起决定作用的因素。其实，除了价格，其他很多因素在对方看来也是很重要的。例如，你的产品或者服务的质量是否合格、是否能按时交付；你是否可以对对方的账户进行足够的管理监督；付款方式是否具有灵活性；你是否有训练有素的后备人员及目标明确的员工。当你可以满足对方这些要求并且令对方感到满意时，价格才会成为决定性因素。所以，这就是双赢谈判的第一个关键：不要认为别人一定需要你所需要的东西。只有在了解对方在谈判中希望获得什么时，双赢谈判才有可能发生。因此，有效的谈判不仅仅是得到你想要的东西，而是让对方也得到其想要的东西。要相信，当你给别人他们想要的东西时，他们也会把你想要的东西给你。

不要企图从谈判桌上拿到所有的钱

你可以认为你获胜了，可是假如对方认为你战胜了他，这对你而言并不是最圆满的结局。从谈判桌上拿到的最后一分钱常常有非常昂贵的代价。在一些谈判案例中，由于其中一方把对手逼到挫败的边缘，结果在最后遭到断然拒绝，落得两手空空的案例并不鲜见，这提醒你在谈判中不能过于贪婪，要有所取舍。

兑现谈判之外的一些承诺

你应当注意对一些不属于谈判内容的小事更好地进行兑现，如提供额外的服务、多替对方考虑。这些事情虽小，但是在对方看来却是意义重大的。他们会认为你既然能够做好这些事情，那么其他方面肯定也不会太差，这样你们经由谈判而形成的合作关系才会更加稳固。

讨价还价的技巧

在谈判过程中讨价还价，是为了获取最大利益的必经途径。吹毛求疵、小处入手、制造竞争是讨价还价过程中极为有效的技巧。

无论你承认与否，谈判成功都是一个相互妥协的过程。有些看似态度强硬的谈判对手，只要是为达成目标而来，就肯定会在某种程度上妥协，最终在讨价还价的拉锯战中让步。而你在某种程度上做出一点妥协，放弃一点原则，看上去似乎很危险，但如果能在不违背大的原则的前提下调整你的利益，双方都能从这种相互妥协的过程中获益。

因此，要想在相互妥协的谈判过程中获取最大利益，就必须掌握讨价还价的技巧。下面我们会介绍三种技巧：

吹毛求疵法

成语“吹毛求疵”是说故意挑剔毛病，寻找差错，与此类似的一个词是“鸡蛋里挑骨头”，即再好的东西也可以从中找出毛病。这种挑剔的习惯假如运用到谈判中，就是一种讨价还价的高招。这种技巧往往被买主用来压低卖主的报价，方法是故意找碴儿，提出一大堆问题及要求，其中有些问题确实存在，有些则是故意制造出来的。

当然，谈判者在知道如何运用“吹毛求疵”的同时，还应该做好在谈判中应付对手“吹毛求疵”的准备。一般来说，我们可以这样应付“吹毛求疵”的对手：

在谈判之前做好足够的心理准备：对方总是喜欢挑剔的，那是对方的权利；

用耐心和笑容面对对方，要知道，心平气和的微笑是对付挑剔者最好的武器；

如果时机合适，不妨和挑剔者针锋相对，即把对方无中生有的问题，毫不留情地打发回去。

小处入手法

对于大型设备、成套项目和较复杂的交易，可以采用分批还价的方式。一般可先对“差距小”的项目还价。这样做的好处是：还价相对易于被对方接受，不仅可以激发对方谈判的热情，还能帮助我们了解对方谈判的风格。假如谈判出现一些僵持的局面，不妨考虑在“小处”先做出一些让步。例如，对方报价的主机价格为 60 万元，技术费为 20 万元，零部件价格为 8 万元。还价就可以先从零部件或技术费入手，一旦谈判顺利，再开始谈主机的价格。

制造竞争法

对于一些价格构成比较复杂的商品交易或者大型工程承包项目，讨价还价的一方为争取有利的成交条件，应当充分制造或利用竞争的局面。比如，采用“货比三家”的办法，可令多个卖方主动做出价格解释，证明其报价与交易条件的合理性。又如，在工程承包项目中，利用招标的方法，可以使各个承包商为战胜竞争对手主动提出更加合理的方案，这样不仅有利于提高工程质量，还有可能合理地降低工程报价。

让对方先开口

当我们不知道对方的底牌时，保持沉默是一个不错的选择！

在决定什么时候提出要求或者是否最先提出要求时，有许多因素值得考虑。与普遍的想法相反，谈判中先开口要价并不一定有好处。因为在大多数情况下，我们都不可能明确对方的最低期望值。当我们不知道对方的底牌时，往往会过高或过低地估计对方的谈判姿态。首先，开出的价码很有可能落在争价的区域外，一旦如此，谈判者一上场就已经失去了谈判阵地。如果糊里糊涂地先开了价，而且对方还立即接受了，则难免会有一种上当受骗的感觉。可是开出去的价格往往不能轻易收回，特别是在正式谈判时更是没有反悔的余地，所以开价必须慎之又慎。

爱迪生在做某公司电气技师时，他的一项发明获得了专利。一天，公司经理派人把他叫到办公室，表示愿意购买他的专利，并让他出个价。

爱迪生想了想，回答道："我的发明对公司有怎样的价值，我不知道，请您先开个价吧。"

“那好吧！我出40万美元，怎么样？”经理爽快地先报了价。谈判顺利结束了。

事后，爱迪生说：“我原来只想把专利卖500美元，因为以后的实验还要用很多钱，所以再便宜些我也是肯卖的。”

让对方先开口使爱迪生多获得了30多万美元的收益。经理的开价与他预料的价格有天壤之别。在这次谈判中，事先没有任何准备、不了解其发明价值的爱迪生如果先报价，肯定会遭受巨大的损失。在这种情况下，最佳的选择就是把报价的主动权让给对方，通过对方的报价传递的信息，探查对方的目的和动机，摸清对方的虚实，然后及时调整谈判计划，重新确定报价。

谈判中保持沉默让对方开口还能给对方制造一种压力，让谈判朝着有利于自己的方向发展。

一位谈判专家代理他的邻居与保险公司交涉一项赔偿事宜，他运用“让对方先开口”的策略获得了意想不到的效果。

保险公司的理赔员先发表了意见：“先生，我知道你是谈判专家，一向都是针对巨额款项谈判，恐怕我无法承受你的要价。我们公司若是只付100美元的赔偿金，你觉得如何？”谈判专家表情严肃地沉默着，他的沉默派上了用场。因为以他的经验，当对方提出第一个条件之后，暗示着可以提出第二个、第三个……

理赔员果然沉不住气，他说：“抱歉，请勿介意我刚才的提议，再加一些，200 美元如何？”

又是一阵长久的沉默。最后，谈判专家表态了：“抱歉，这个价钱令人无法接受。”

理赔员接着说：“好吧，那么 300 美元如何？”

谈判专家沉思良久，理赔员显得有点慌乱，他说：“好吧，400 美元。”

又是犹豫了好一阵子，谈判专家才慢慢地说道：“400 美元？……哦，我不知道。”“那就赔 500 美元吧！”理赔员无奈地说。就这样，谈判专家只是重复着良久的沉默，重复着痛苦的表情，重复着说不厌的那句老话。最后，谈判的结果是这件理赔案终于在 950 美元的条件下达成协议，而他的邻居原来只准备要求获得 300 美元的赔偿金。

在这个案例中，谈判专家选择了沉默的方式来掩饰自己的态度和底牌，让对方感觉越来越不知所措。对方琢磨不透谈判专家的心思，看到谈判专家不发一言，就自然而然地认为自己提出的条件可能过于苛刻，于是主动进行妥协，而谈判专家不费吹灰之力就达到了自己的谈判目的。

当然，如果我们想要像这位谈判专家一样自如地使用这种策略，就还要注意以下几点：

把握开口和沉默的时机。在谈判中什么时候应该沉默、什么时候不应该沉默，都是很有讲究的。比如，已经给了对方一个值

得考虑的建议，但是对方拒绝接受，或者回应以一个非常模糊的回答，这时候就可以用沉默来应对，因为这会让对方感到很不自在，可能不得不修正自己的回应，以打破谈判的僵局。在这个过程中，除非对方重新提出的条件能够让你满意，否则你都应当保持沉默。

控制沉默的时长。沉默的时间长短需要根据谈判的发展情况进行调节，如果谈判形势非常严峻，对方态度极为强硬，那么就有必要将沉默的状态保持下去；但如果对方的态度已经明显软化，只要稍加斡旋就能够打破谈判的僵局，就可以适时结束沉默的状态，与对方恢复友好谈判，直到获得双赢的结局。总之，我们要把握“见好就收”的原则，不要过分地用沉默作为武器向对方施压，以免对方被激怒进而选择中止谈判，那样就会让双方都面临不小的损失。

用表情、动作配合沉默。为更好地控制局面，我们可以在沉默的同时运用一些表情、动作来表达自己的意愿，可以加强沉默的效果。比如，我们可以用摇头、摆手、皱眉等动作来配合沉默，使对方感觉到我们强烈的拒绝态度，不得不退让，以求得谈判正常进行。

本章精彩观点

- 在谈判中有三点很重要，那就是敏锐的判断力、互相制约的规则和真诚合作的精神。
- 在许多情况下，双方的利益不一定是对立的。如果把斗争的焦点由双方都要击败对方转向双方共同击败存在的问题，那么最后双方就都能获得满意的结果。
- 谈判的成功要求双方不要一味地剑拔弩张、势不两立，而应互相寻求妥协，达成一个双方都能接受的结果。
- 谈判开始时，很重要的一点便是在具有准确信息的基础上，彻底分析自己和对方的需求，明确自己的谈判目标。

第二章

谈判的前提条件

——双方存在利益互补的关系

“世界上没有永恒的敌人，也没有永恒的朋友，只有永恒的利益。”

——丘吉尔

只有存在利益互补的关系，代表不同利益的双方才有可能坐到谈判桌前就某一项目彼此协商，经过一系列针锋相对的妥协让步，从而获得双方都比较满意的结果，实现商务谈判的最终目的。

妥协有利于利益的实现

商务谈判的核心是为自身谋求最大的利益。如果谈判双方的利益不能得到最有效的协调，那么谈判就会陷入僵局，以致无法实现谈判的目的。

在商场上，利益一般是排在第一位的，各种商务活动无不是围绕各种利益展开的。同样，商务谈判的核心也是为自身谋求最大的利益。只有确定能够得到某种利益，或者说只有双方都有从与对方的合作中得到某种利益的需求，谈判活动才可能进一步展开。这就表明，利益是双方面的，谈判者在为自身谋求最大利益的同时必须兼顾对方的利益，否则谈判活动就无从开展。因此，谈判就是要协调双方的利益，使之能达到或使双方能找到一个均感满意的利益共同点。这种协调的过程构成了谈判双方在谈判桌前和谈判桌后的所有内容。

在商务谈判中，对于谈判双方来说，共同利益往往是潜在的，只有随着谈判的逐步深入，共同利益才会渐渐明朗化。这种潜在的共同利益，可以使双方怀着不同的动机，为相同的事务展开谈判。当然，共同利益对双方而言并不是相当的，对一方而言，可能是资金上的利益；对另一方而言，可能是为了得到某种需求。由于这种差别的存在，谈判双方往往会由于种种利益的需求而在某些方面据理力争，又在某些方面做出妥协。正因如此，那些优秀的谈判者总是善于运用各种方法，使对方把兴趣始终集中在自身的主要利益上，从而在其他利益上做出更大的让步，使已方从中获得更大的收益。

2017年8月，广东省深圳市的一家压缩机厂商听说当地的一家制造企业准备购买一批设备，就派出销售人员小刘与该公司的高层管理人员接触。在沟通过程中，小刘得知还有两家竞争对手也在积极行动，想要拿下这笔大订单。小刘生怕公司会失去这笔生意，就回去请示上级。于是小刘的上级——销售经理老陈决定亲自出马与该公司洽谈。

经过老陈的一番努力后，该公司的文总表示会优先考虑他提出的合同。老陈本以为这次交易是“板上钉钉”的事情，没想到在谈判时却出现了很多问题。文总听信了一家小公司不负责任的承诺，提出要修改付款的方式：不支付预付款，还要先使用半年设备，如果能够达到零故障的要求，才支付货款。老陈对于这样的付款方式闻所未闻，但还是耐着性子让文总再考虑一下。文总却发起火来，说老陈作为销售经理，对自家的产品竟然如此不自信，让他们怎么放心购买。文总还用威胁的口气说，如果老陈不答应他们的要求，他们就和那家小公司签约。

老陈十分无奈，回公司与总经理商量后，决定做出适当妥协，用降价代替付款方式的更改。由于担心文总不会同意，老陈下了不少功夫，精心准备了一番说辞，在谈判的时候娓娓道来：“文总您也是在商海中浮沉多年的老资历了，想必很清楚，生意合作的基础是共同利益，是追求双赢。您购买我们的设备，既是照顾我们的生意，也是为了贵公司的生产项目能够顺利开展，所以我们现在应该把关注的重点集中在设备的品质上，不要过于计较其他细枝末节。您之前说我们不接受零预付款的付款方式是不够自信，其实并非如此。那些小公司为了生存往往会用这些不合常规的办法进行恶性竞争，甚至不惜吹牛来鼓动您购买，但在产品的品质上却难以保证。您购买了这样的产品，日后故障频频，天天都要停工维修，那将给贵公司带来多大的损失啊……”

听完老陈的一番话，文总陷入了沉思。的确，他当初就是听信了那家小企业的吹嘘，才把付款方式修改成这样。不过，他也清楚，那家小企业成立时间不过一年多，在业内毫无名气，自己并不放心与他们进行交易。反倒是老陈代表的厂商实力雄厚，值得信赖。

老陈见文总的态度有所动摇，马上补充道：“我这次回去征求过我们领导的意见，领导同意在产品价格上让出 1 个百分点，这个价格是我们能拿出的最优惠的价格。您不妨考虑一下，是按照公平合理的方式和我们公司进行双赢合作，还是按照不对等的条款和那些小公司进行有风险的合作。”

文总思考再三，决定接受老陈的这个让步提案，在付款方式上也不再坚持。之后，双方签订了合同，后来进行的交易也非常顺利。

老陈为了说服文总，指出了双方之间存在共同利益的事实，并且用对比的方式让文总认识到选择小厂不如选择大厂稳妥安全。当然，为了让文总能够有一个“台阶”下，也为了促成谈判的成功，老陈征得了总经理的同意，在价格方面做出了少许妥协，这样文总也就不好再固执己见了。

从这个案例中，我们也可以看出，真正善于谈判的人士是不会过分谋求最大利益的，他们会在自身利益与对方利益之间找到一个完美的平衡点，使双方的利益都能通过谈判获得保障。而这就需要谈判者保持一种开放的心态，放弃门户之见，在适当的时候可以做出一定的让步和妥协，以换取对方的让步和妥协，使双方的利益得到有效的协调。如此一来，谈判双方各自的目的就得到了统一和实现，辛辛苦苦的谈判就收获了甜美的果实。

寻求利益互补

任何谈判的成功都必须是双方利益合理协调的结果，这种合理协调就是谈判双方之间合理的利益互补。

如果没有具体利益的刺激，就不会有谈判活动的产生；如果没有不同的利益取向，也就不会有谈判桌上的针锋相对和你来我往；**如果谈判双方的利益不能得到有效的协调，那么谈判就会陷入僵局，以致无法实现谈判的目的**。因此，只有存在利益合作和利益互补的关系，才有谈判双方相互妥协和让步的可能，才会为谈判的成功创造可能。

2016 年，华为技术有限公司与德国徕卡公司建立了合作关系。后者制造的徕卡相机因卓越的品质著称于世，是全球摄影爱好者十分喜爱的品牌之一。华为选择与徕卡合作，是希望能够提升华为手机的拍照效果，给消费者带来更好的使用体验，从而提高华为手机在市场上的竞争能力。

从 2013 年起，华为方面就开始通过邮件与徕卡进行接触，希望能够与对方合作。经过几次沟通后，徕卡同意与华为人员见面。双方在非正式的谈判中互相介绍了各自的优势，华为方面明确指出徕卡可能从合作中获得巨大的利益——能够将相机技术应用于智能手机中，从而让百年品牌获得更加旺盛的生命力。不仅如此，徕卡还可以借助华为的名气提升知名度，并赢得非摄影圈用户的好感。

华为提出的这些利益点让徕卡十分动心，双方的高层领导开始频繁互动。徕卡 CEO 甚至专门从德国飞到中国，与华为消费者业务的 CEO 沟通，敲定双方关注的很多细节问题，为之后进行正式谈判奠定了基础。

在正式谈判中，双方在很多问题上都较快地达成了一致。比如，合作后成立的技术专家组分别由徕卡和华为的高层领导构成，华为方面在进行手机镜头测试时必须接受徕卡镜头的测试标准等。其中有些条件虽然会增加华为光学技术团队的工作难度，增加大量成本，还会让研发的时间延长，但华为方面很清楚徕卡提出这样的要求并不是在故意刁难，而是想要实现追求极致的目标，生产出世界一流水准的镜头，而这能够让两家企业都获得不少利益。因此在谈判中，华为对徕卡的建议表示了理解和支持，徕卡也对华为的诚意十分欣赏，双方在互相尊重的友好氛围中展开交流，在一些可能产生争议的问题上更是主动进行了适度的让步。于是没用多长时间，双方就签订了战略合作协议。

在达成合作协议后，双方马不停蹄地开启了合作开发新产品 P9 手机镜头的项目。由于之前的谈判已经奠定良好的合作基础，所以两家企业的研发人员精诚合作、默契沟通，一起拜访生产厂家，一起讨论改进方案。经过夜以继日的工作，终于成功推出了具有徕卡品质的华为手机镜头，并通过了徕卡专家最为严苛的测试。

2016 年，P9 手机上市后引发了媒体和用户的强烈关注，与徕卡联合研发的双镜头拍照系统成了用户最为欣赏的亮点。得益于徕卡的专业技术，用户可以使用 P9 手机拍摄专业级的照片。再加上这款手机在功能上具有很多独特之处，因此受到了用户的追捧，仅半年时间 P9 和 P9 Plus 的全球销量就超过了 1200 万台。

此后，华为更是与徕卡展开深度合作，从 P9 系列到 Mate 9 系列，再到人像摄影大师的 P10 系列，华为与徕卡的合作取得了令人瞩目的成果，并且成为品牌跨界合作的经典案例。

华为与徕卡能够进行合作谈判的基础，就是这两家企业存在利益互补的关系。对于华为来说，徕卡在镜头方面的专业性能够提升华为产品的品质，使用户更加信任华为、喜爱华为，并能让华为产品与其他著名手机品牌在高端市场一争高下。而对徕卡来说，他们正缺少一个善于营销和推广的伙伴，将他们在照相机方面取得的成果推广到更大的市场。在与华为合作之前，徕卡在发烧友中就具有相当高的知名度，而普通用户对这个品牌却不太熟悉。而在与华为合作推出系列产品后，徕卡的受众变广，用户数量激增，这种效果比进行广告宣传都要明显。所以，无论对于华为还是徕卡，这次合作研发新产品的项目都具有战略性的意义，而且值得长期进行下去。出于这种考虑，双方在谈判时都会积极努力，以促成合作，如果需要做出妥协和调整，双方都会尽力配合，这使得合作谈判进行得如此顺利，结果如此成功。

事实上，**任何谈判的成功都必须是双方利益合理协调的结果，这种合理协调就是谈判双方之间合理的利益互补**。从这个意义来说，谈判是一种双方互相交换利益的活动，对商务谈判而言，这种交换的过程可能是一方需要“获得某种商品或服务”的利益，另一方需要“获得一定价款或其他补偿”的利益。而这两种不同的利益需求，是可以通过双方的合作来实现的，这就是利益的互补性。谈判的基础包括利益差异和利益互补。所以，人们总是说，谈判是为了长远的利益，商务谈判行为本身就是一种追求利益的过程。

既然商务谈判本身就是一种追求利益的过程，那么人们在进行谈判时就一定会为自身利益进行充分的考虑。而且在世界范围内，每天都有数不清的谈判在进行，参与谈判的人都希望能一次对所有细节达成一致，任何人都希望利益总是倾向于自己这一方。由于谈判者受不同企业文化的熏陶，他们以前可能从来没有在一起协商过任何事情，他们会从不同的角度看待这次谈判，并且都要为自己争取更多的利益。于是在谈判过程中常常会出现这样的情况：文化冲突及其造成的伤害导致谈判双方的猜疑和挑衅，反过来这又使很多谈判者认为谈判只是一种零和游戏而已——当其中一方获得某种利益时，另一方就会失去这种利益；当其中一方在某一项目中获得较多的利益时，另一方就只能得到较少的利益。谈判双方因此锱铢必较、针锋相对、互不相让。而比这更糟糕的是，在这场零和游戏中，不会产生任何附加价值，而且在一个相当长的时期内不会达成任何协议。如果这样理解谈判，并且在实践中这样运行谈判活动，那么世界上各式各样的商务谈判根本就没有成功的可能，而且人们还会因为谈判浪费大量的时间和精力。

如果谈判只是一种零和的游戏，那么谈判双方必定会千方百计地坚守各种利益。这样下去只能看到谈判双方互相僵持的场面，而谈判的目的也就无从实现。

其实，谈判就是各方为了自身的目的，在一项涉及各方利益的事务中进行磋商，并通过调整各自提出的条件来达成一致的过程。如果谈判只是一种你输我赢的零和游戏，那么双方的磋商就失去了意义。事实上，谈判双方之间的利益应该是互补的。所以在谈判之初，就应当明确这一点，然后寻找能够与自己利益互补的对象进行谈判，这样就会产生事半功倍的效果。

当然，寻求利益互补并没有否认谈判双方的利益分歧问题。谈判产生的前提之一是双方存在着利益分歧，正因为双方存在着利益分歧才需要进行谈判。这种利益分歧体现在双方各自提出条件的差异上，谈判的目的就是通过沟通协商，调整各自的条件来弥合这种分歧，达成一致，促成谈判的成功。正是利益差异和利益互补构成了谈判的前提，而协调双方利益的过程构成了谈判双方在谈判桌上的你攻我守或相互妥协。

如果双方之间存在利益互补的前提，那么通过彼此的让步和妥协，谈判就有可能圆满完成；反之，如果谈判双方的各种利益不能相互补充，那么谈判者就没有必要一味地做出不合理的妥协。因为在谈判过程中，妥协是为了获得某种互补利益，而不是为了妥协而妥协，当利益不能互补时，就没有必要再做出妥协。比如，当打算出售某类产品或服务时，而对方提供的价格不太合适，如果确定双方以后还有更多的合作机会，那么为实现长期合作的目的，出售产品或服务的一方就可以适当做出妥协促成这笔交易。然而如果在这个项目上，对方提供的价格极为不合理，而且双方不存在建立长期合作关系的可能性，那么就应该放弃，或者至少在价格上不再做出妥协，这样才有可能保障自己的利益。

找到同时满足双方需求的办法

什么是谈判？按照一般的认识，谈判是人们为了协调彼此之间的关系，满足各自的需要，通过协商而争取达到意见一致的行为和过程。

世界著名心理学家亚伯拉罕·马斯洛在其需求层次理论中提出，需求是人一切行动的原动力，人的行为是由动机支配的，而动机是由需求产生的。一个人会同时存在多种多样的需求，包括物质需求和精神需求，但是每种需求的重要性，在不同的时期和不同的环境具有不同的地位。每一个人都会先寻求满足他最重要的需求，可以说人的一生就是为了满足需求而与自然、社会不断进行拼搏的一生。同样，商务谈判活动也是建立在人们需求的基础之上的，是处在不同角度、不同经济发展状况下的人或团体为了满足各自切身利益的需求，通过一定的形式达成的某种商业化目标的外在表现。正是因为有了各种层次的需求，才使商务谈判的各方在谈判桌上进行各种形式的磋商，最终达成满足彼此需求的目的。

美国谈判学会主席杰勒德·尼尔伦伯格根据其对马斯洛的需求层次理论进行研究后，总结出著名的"谈判需要理论"。杰勒德·尼尔伦伯格在"谈判需要理论"中提出，需要是谈判产生的基础和动因，因为人类的每一种有目的的行为都是为了满足某种需要，需要和对需要的满足是谈判的共同基础。对于谈判主体而言，如果不存在某种未被满足的需要，人们就不会坐到一起谈判。因此，谈判者应去发现与谈判各方相联系的需要，对驱动对方的各种需要加以重视，以选择不同的方法去影响对方的动机。也就是说，谈判主体在进行谈判之前就应该发现谈判各方的真实需要，不仅要十分清楚自己真正需要的是什么，还要想办法弄明白对方的真实需要。所以在谈判过程中，为了得到一个满意的结果，必须站在双方的角度去看待问题。对方总是要在合理的需要得到满足之后才可能去履行协议，一旦对方觉得不划算，谈判双方就都会有蒙受损失的危险。

杰勒德·尼尔伦伯格还在其论著《谈判的艺术》一书中明确提出："谈判的定义最为简单，而涉及的范围却最为广泛，每一个要求满足的愿望和每一项寻求满足的需要，至少都是诱发人们展开谈判过程的潜在原因。只要人们为改变相互关系而交换观点，只要人们是为了取得一致而磋商协调，他们就是在进行谈判。谈判通常是在个人之间进行的，或者是为了自己，或者是代表着有组织的团体。因此，可以把谈判看作人类行为的一个重要组成部分，人类的谈判史和人类的文明史同样长久。”

谈判为什么会成为人类行为的一个重要组成部分？从本质上看，谈判的直接原因是因为参与谈判的各方都有自己的需要，或者是其所代表的某个组织有某种需要，而一方需要的满足又可能无视他方的需要。因此，谈判双方参加谈判的主要目的就不能仅仅以追求各自的需要为出发点，而是应该通过交换观点进行磋商，共同寻找使双方都能接受的方案。

正因如此，谈判者必须善于重视、发现和引导对方的需要。真正的谈判高手甚至可以通过采用适宜的巧妙方法控制对手在谈判桌上的需要，以达成谈判的最终目标。

约翰是一家公司的工会官员，作为公司的一员，约翰工作效率很高，而且深受工人们爱戴，可以说公司经理没有理由不信任和尊重他。但是作为一名工会官员，约翰又常常代表工人利益和经理进行谈判。在谈判桌上，约翰举止粗暴，盛气凌人，说话嗓门很大，而且经常说脏话和粗话，所有这些都使得公司的股东们觉得他非常难缠。

有一次，约翰到经理办公室找经理，他要求星期三放一天假，因为当地有一场难得一见的著名球队之间的篮球决赛。约翰向经理表示，如果星期三放假一天，工人们同意周末加班一天，但是经理必须付加班费。

经理也知道这场篮球决赛很重要，而且对于很少看到正式比赛的当地人来说更是如此，但其重要性还没有达到工厂里的工人都必须去看的程度。更何况，工厂里的120多名工人也不见得人人都爱看篮球。经理婉转地向约翰表达了这个意思，但约翰根本不理会，他仍然立场坚定地要求："周末加班一天，星期三必须放假一天，如果经理不同意这么做，那就是专制。"约翰还说，如果经理星期三不给工人放假一天，那他就要到政府部门控告公司的"非人性"管理方式。

面对约翰的蛮不讲理，经理没有和他就这件事继续争论下去，而是心平气和地建议："只要送货任务能在中午以前做完，星期三下午就可以全厂放假，工资不扣，愿意看球赛的就去看，如果不愿意就以别的方式休假，而且周末也不需要再加一天的班。"然后，经理就派助理把自己的意见下发给工人了。

约翰认为经理的建议完全不合情理，于是他怒气冲冲地到工厂里鼓动工人，想要大家以罢工或者以其他方式反对老板的独裁。可是等他走到工厂里，并把自己的想法告诉大家，却发现工厂里的工人们都在紧张地工作，没有一个人响应他的号召。更出乎他意料的是，工人们竟然对经理的建议表示极力赞成。

约翰十分生气，他告诉大家："这是经理的圈套，他想让大家半天完成一天的活儿。如果你们同意这个建议，那以后你们就别想再成功申请这样的福利了。"但是，工人们都纷纷按照经理助理精心安排的发货计划和细节去工作了，他们除了满心欢喜地等待中午到来之后的休息之外，再也不理会约翰的大嗓门。

就这样，公司经理既没费什么口舌，也不用支付工人周末的加班工资，就把问题妥善解决了，而且工人们对经理提出的交换条件都感到十分满意。

在这个案例中，经理解决问题的关键就是找到了能够同时满足工人放假需要和工厂生产需要的好办法。事实上，工人们并不需要像工会官员提出的方案那样休息一整天时间，再在周末加班。经理没有对这个有些过分的要求进行盲目妥协，而是选择让工人休息半天。这样也能赶得及看球赛，而且利用对比赛的期望激发出工人的劳动积极性，使得工人用半天时间完成了一整天的工作任务，使工厂的利益也不会受到损害。

这个案例给了我们不少启发，告诉我们妥协不仅仅是为了息事宁人而做出的让步，而是找到同时满足双方需要的办法。需要是谈判的动因，如果能在满足自身需要的基础上切实满足对方的需要，那么你在谈判中就会处于有利的主导地位，而你和对方的谈判也会在双赢中迎来一个两全其美的结局。

总之，谈判起因于需要和对需要的满足，即我有自身需要，又有满足他人需要的能力；他人有自己的需要，又有满足我的需要的能力。能彼此满足，成了谈判的共同基础。

互惠谈判观念

任何谈判都是建立在寻求需要被满足的基础之上的，商务谈判也一样。妥协就是为了满足双方的需要。

人的需要是可以改变的，它受许多因素的影响，满足需要的方式也是多种多样的。商务谈判活动是由代表企业的人来开展的。因此，需要的满足与否实际上没有一个绝对客观的标准，甚至可以说，需要的满足与否经常受人的主观意识的影响。值得一提的是，满足需要不一定达到企业的既定目标，而是谈判者认为自己的需要得到了满足。正因为人的需要受主观意识等因素的影响，而且在谈判过程中，谈判者认为自己的需要是否得到满足会直接影响谈判活动的进行，所以经验丰富的优秀谈判者总是善于利用人们不同层次的谈判需要和各种影响人们需要的因素掌控谈判全局。

哈恩是一个非常善于谈判的人，他在一家法国大企业的分公司担任要职。2017 年 6 月，哈恩代表总公司到一个小镇上收购一家小公司。这家小公司的主人是一个十分强硬的谈判者，他的开价为 3100 万美元，哈恩还价为 1800 万美元，但对方始终坚持 3100 万美元的原始报价。本来哈恩提出的价格只是一个谈判的基本价，他想如果对方态度稍微缓和一点，并且在价格方面做出一些适度的妥协，他就非常愿意完成这笔交易。但是这家小公司的主人始终坚持 3100 万美元的原始报价，而且哈恩从其强硬的态度中看不出一丝妥协的希望。谈判在几个月的讨价还价中艰难地进行着，哈恩将还价一抬再抬，现在已经抬高到 2600 万美元，而对方的态度和报价始终如初——3100 万美元，一美元也不降，否则就不出售该公司。而这时，哈恩实在不想如此被动地将成交价格一抬再抬，因此谈判陷入僵局。

深受总公司重托的哈恩不想轻易地放弃这次交易，在认真反思谈判的整个过程之后，哈恩觉得这背后肯定有其他原因，只有找到这家小公司的主人如此坚持的根本原因，谈判才能继续进行下去。于是哈恩开始在谈判桌上非常诚恳地与对方协调，而在谈判桌下则尽可能地加强与对方的交流。终于，这家小公司的主人被哈恩的耐心和诚意打动，向哈恩道明了自己在谈判桌上表现得如此强硬的理由：原来，他过去的一个竞争对手拥有一家和他同样大小规模的公司，一年前卖了 3000 万美元，而且还加了一些附加条件。过去他们的竞争相当激烈，现在他的公司也要出售，所以当然不愿意自己的公司在价格上卖得比对方的公司便宜。原来如此！哈恩恍然大悟。经过认真考虑，哈恩向对方表示，他一定会满足对方的特殊需要。当然，哈恩也不会使总公司的利益受到伤害。

做到这些并不容易，哈恩先详细了解了这家小公司的竞争对手的卖价及附加条件，并且对各项附加条件进行了充分而深入的分析，然后采取了新的谈判方案。结果新的谈判方案深受小公司主人的欢迎，他当即表示愿意在价格上做出一些让步，双方终于达成协议。最后的结果是，小公司的主人对付款方式及优厚的附加条件非常满意，因为这些条件都比竞争对手获得的条件好得多，而哈恩也以大大低于总公司购买预算的价格买到了这家公司，双方的需要都得到了满足。

在这个案例中，谈判高手哈恩从互惠谈判观念出发，深入研究对方最迫切的需要，找到了一个能让双方都感到满意的方案。事实上，纠结于价格问题的小企业主真正关心的并不是那个价格数字，而是一定要胜过竞争对手的那份虚荣心。只要哈恩能够满足他在虚荣心方面的需要，价格就不是完全不能改变的。

由此可见，对于商务谈判者来说，想要赢得谈判的双赢结果，就要善于分析自己和对方的各种层次的需求（包括生理的需求、安全的需求、社交的需求、尊重的需求以及自我实现的需求）。在谈判陷入僵局的时候，不妨看一看对方此时最需要的是什么，然后由此出发做一些适当的妥协，让对方获得极大的满足感。那么在其他方面就可以适当前进一步，让自己的需要也得到满足。

从这个案例中也可以看出，谈判者的具体需要以及需要能否得到满足会对谈判产生重要影响。具有某种尚未满足的需要是使一个人或组织成为谈判者的动因，同时具有（或潜在具有）满足另一种需要的能力则是谈判者获得与他人合作，成为成功谈判者的前提。在商务谈判中尤其如此，正是因为一方具有满足A类需要的能力，而不能很好地满足其B类需要，才可能使双方谈判者在存在利益差异的同时，存在利益互补关系。正是基于这一点，互惠谈判观念主张将谈判对手看作解决问题的合作者而不是敌人。因此，科学合理地对人们的谈判需要进行分析和巧妙处理往往可以促成谈判的顺利进行。满足谈判对手不同层次的需要不仅是取得理想谈判结果的关键因素，也是解开或缓和谈判僵局的症结所在，同时还是商务人士实现双赢谈判的重要基础。

实现双方利益的合理分配

商务谈判更加重视谈判的经济效益。参与谈判的各方都要适当考虑对方的利益，因为本方利益的实现是以对方利益的存在为前提的。

所有谈判都是为双方需要的满足和利益的实现而进行的，不同的谈判性质决定了不同的谈判目的，也就是说，不同的谈判满足的需要和实现的利益是不同的，外交谈判涉及的是国家利益；政治谈判关心的是政党、团体的根本利益；军事谈判主要是关系敌对双方的安全利益。虽然这些谈判都不可避免地涉及经济利益，但常常是围绕着某一种基本利益进行的，其重点不一定是经济利益。而作为经济谈判的一种，商务谈判是以获取明确的经济利益为基本目的，在满足经济利益的前提下才涉及其他非经济利益。虽然在商务谈判的过程中，谈判者可以调动和运用各种因素，而各种非经济利益的因素也会影响谈判的结果，但其最终目标仍是经济利益。商务谈判的这种特殊性从其定义也可以窥见一斑：商务谈判是指不同利益群体之间，以经济利益为目的，就双方的商务往来关系而进行的谈判。与其他谈判相比，商务谈判更加重视谈判的经济效益。在商务谈判中，谈判者都比较注意谈判涉及的成本、效率和效益等因素。所以，人们通常以获取经济效益的好坏来评价一项商务谈判成功与否。而在商务谈判的过程中，谈判双方的所有竞争与合作、对立与妥协其实都是围绕着各自的经济利益展开的。

尽管商务谈判的各方都是为了各自的经济利益而参与谈判的，但是参与谈判的各方都要适当考虑对方的利益。因为本方利益的实现是以对方利益的存在为前提的，如果在谈判过程中不和对方进行合理的利益分配，只顾坚守本方利益而毫不妥协，那么这场谈判注定要失败，如此一来，谈判各方的利益就都失去了实现的可能。如同一位谈判名家所说，“如果试图消除对手得到任何利润的机会，那实际上是不顾自己的脸面而割掉鼻子”。

在商务谈判的过程中，当其中一方只考虑自身最大利益的实现而不断要求另一方做出种种妥协时，如果对方觉得在这场谈判中其自身利益明显没有得到合理分配，就会停止妥协。此时，这场谈判只能有两种结果：一种结果是双方重新对利益进行分配，追求自身利益最大化的一方也会适当做出相应的妥协；另一种结果是不能继续做出妥协的一方提出中止谈判，或者寻求其他谈判对象，或者伺机等待其他满足自身利益的机会。

2017 年 9 月，上海市的一家医药企业准备与美国的一家医药公司合资办厂。这个项目如果成功，将为双方带来巨大的利益。不过在谈判中，中方却发现美方拟定的合同有很多地方不符合平等互利的要求。显然美方过于关注自身的利益，甚至想要为此压榨中方的合理利益。

中方谈判人员本来想直接斥责美方的企图，但又担心这么做会让谈判陷入僵局。于是中方从合同中多处违反中国法律条文的用语出发，指出这份合同不适合作为谈判的基础文本。美方在核查后认可了这一点，同意做出妥协，即在谈判中使用中方拟定的合同。

之后，在正式谈判中，中方对美方提出的过分要求进行了有理有据的反驳。比如，美方提出合资厂日后若要使用他们的商标销售商品就需要付费，中方则辩解说合资办厂后生产的产品有美方负责外销的部分，也有中方负责内销的部分，内销的产品不打算使用美方的商标，外销的部分使用什么商标由美方自行决定，所以没有必要额外付费。美方哑口无言，只好同意不对商标使用权另行收费。

之后，美方又对专利问题提出要求，希望中方对使用专有技术交付一定数额的费用。中方也予以回绝，并且拿出美方大部分专利已经过期的事实依据，让美方无从辩驳。

随着谈判的推进，美方发现自己想要谋取额外利益的打算被中方一一化解，这让他们感到十分失望。在恼羞成怒的情况下，美方使出“耍赖”招数，宣布之前达成的协议统统无效，他们要停止谈判，全面修改合同。

对于美方的这种伎俩，中方其实早有预料。谈判人员的态度不卑不亢，拿出充足的数据资料，对美方陈述他们可以从这些合作中获得多少利润。这些数字并非假象，而是经过大量研究估算出的结果，对美方是颇有说服力的。谈判人员还对美方代表说：“贵方和我方进行谈判，无非都是为了获得各自应有的利益。现在贵方已经能够获得如此可观的利益，又何必对我方苦苦相逼，非要拿走本来就属于我方的利益呢？如果贵方没有诚意合作，我们也只好选择中止谈判。贵方不妨估计一下我们两方的损失，看看是否值得。”美方知道中方不可能进行无原则的妥协，也深知中止谈判的利害关系。于是美方不再坚持己见，而是和中方加强协商，最终，双方在互相让步后达成了协议。

在中美两方的谈判中，各方都十分关注自己能够获得多少利益。但是美方最初在利益问题上的态度过于执着，无疑会让谈判局面变得困难起来。这其实不是一种正确的态度，因为想要谋取的太多，就难免会损伤对方合理的利益，也就必然会激起对方强烈的反抗。倘若对方缺乏理性和大局观念，谈判就难免陷入僵局，甚至还会出现一拍两散的局面。最后，双方的利益都会受到损害，而且之前为谈判付出的时间、心力也都白费了。

事实上，商务谈判是以实现一定的经济利益为目的的，只有谈判双方都感到彼此的经济利益得到了合理的分配，商务谈判才能在合作共赢的基础上达成协议。如果商务谈判中的任何一方只考虑自身利益在最大程度上的实现，而不考虑给予对方合理的利益分配，那么谈判最终可能导致分崩离析的结局。所以，谈判者应当始终明确一点：谈判中的妥协应该是双方面的，自身利益的实现一定是以对方利益的切实存在为前提。只希望对方做出妥协，而自己获得所有利益的商务谈判是不存在的。

寻求双方的利益共同点也是一种妥协

在谈判中，以双方都感兴趣的问题为跳板，常常是消除双方误解达成谈判成功的一种有效方法。

在人与人的交往中，最重要的是求同。随着谈话的深入，即便是素不相识的人，也可以发现越来越多的共同点。谈判也是如此，谈判双方是本着合作的目的而走到一起的，共同的话题本应很多。随着谈判的进展，双方会越来越熟悉，在某种程度上也会感到亲近。这时，心理的疑虑与戒心逐渐减轻，无疑对达成协议大有裨益。

寻找双方的共同点可以从以下几个方面入手：

工作上的共同点，如共同的职业、共同的追求、共同的奋斗目标等；

生活上的共同点，如共同的国籍、共同的家乡、共同的信仰等；

兴趣爱好上的共同点，如共同喜欢的电影、体育比赛、国内外大事等；

共同熟悉的第三者，在和陌生人交往时，如果想要说服他，可以寻找双方都熟悉的另一个人，这样双方就容易交流了。

美国著名作家欧·亨利曾发表过一个病人和强盗成为朋友的

故事：

一天晚上，一个人因病躺在床上。忽然，一个蒙面大汉跳到阳台，几步就来到床边。他手中握着一把手枪，对床上的人厉声说道：“举起手！起来！把钱都拿出来！”

躺在床上的病人哭丧着脸说：“我患了非常严重的风湿病，手臂疼痛难忍，哪能举得起来啊！”

强盗听了一愣，口气马上变了：“哎，老哥！我也有风湿病，不过比你轻多了。你患这种病有多长时间了？都吃些什么药？”

躺在床上的病人从水杨酸钠到各类激素药都说了一遍。强盗说：“水杨酸钠不是好药，那是医生用来骗钱的药，吃了它不见好也不见坏。”

两人热烈地讨论起来，特别是对一些骗钱的药物的看法相当一致。两人越谈越投机，强盗已经在不知不觉中坐在床上，还扶病人坐了起来。

强盗忽然发现自己还拿着手枪，面对手无缚鸡之力的病人十分尴尬，连忙把手枪偷偷放进衣袋中。为弥补自己的歉意，强盗问：“有什么需要我帮忙的吗？”

病人说：“你我有缘，我那边的酒柜里有酒和酒杯，你拿来，庆祝一下我们的相识。”

强盗说：“不如我们到外面的酒馆喝个痛快，如何？”

病人苦着脸说：“只是我手臂太疼了，穿不上外衣。”

强盗说：“我可以帮忙。”他帮病人穿戴整齐，一起向酒馆走去。

刚出门，病人突然大叫："噢，我还没带钱呢！"

"不要紧，我请客。"强盗答道。

在短短的时间内，病人竟然跟强盗成了朋友，这种精神的感化同样可以运用到商务谈判的谈判桌上，并可以成为获得谈判成功的一种好办法。在谈判中，假如能顺利找到谈判对手与你在个人需要上的共同点，你就可以很快地拉近与对手之间的距离，并能够博得对手的好感，这样在沟通中就会减少很多彼此对立的情况。如此一来，一些让你棘手的难题就有可能迎刃而解，而你距离谈判的成功也会越来越近。

尊重对方的正当利益

谈判中，人们真正追求的是利益。人们在利益的驱使下，将谈判变成利益争夺的战场。因此，在利益互动中立足是谈判取胜的要诀。

如果你希望和对方达成利益一致，就必须认识到对方也具有一定的正当利益并仔细考虑它们。当你觉得对方无理甚至可恶的时候，仍要承认：对方有权获得其应得的利益。

一家互联网公司正在开发一款新型手机游戏，由于公司研发部门的力量有限，他们准备聘请一位技术人才，帮助部门完成基础编程工作。

该公司在招聘网站上发布了广告，前来应聘的人员中有一些是资深研发人员，不过，他们对该公司开出的每月7000元人民币的酬劳不太满意，所以没有达成协议。当然，应聘者中也有能够接受这个酬劳标准的，但这些人的能力又达不到该公司的要求。眼看时间一天天过去，合适的人选却还没有找到，这让负责招聘的人事部门经理孙姐十分苦恼。

这天，一位刚刚毕业的大学生小张前来应聘，孙姐本来并不看好这个年轻人，可当他展示了自己编程的实力后，研发部门的经理叮嘱孙姐："说什么也得把他留下来。"孙姐想了想，就在公司开出的酬劳基础之上又加了1000元，问小张是否能够接受。

小张想了想说："其实我之前去过几家公司，贵公司开出的薪酬属于中等偏下的水平，我认为与我个人的能力是不太相称的。不过，我也很明白贵公司的顾虑，因为我毕竟资历尚浅，也拿不出过硬的作品来证明自己。所以我愿意接受贵公司的薪酬，但是我请求贵公司按照产品销售额支付给我一定比例的研发提成作为奖励，这样更能激发我的积极性和创造力，也会让我们双方的利益紧紧捆绑在一起。"

作为一个初出茅庐的年轻人，小张能够考虑得如此周全和深远，让孙姐不禁对他刮目相看。孙姐将小张的意见转达给上级，很快得到了“同意”的批复。于是双方敲定了具体的提成比例，签订了入职合同。小张从此安心在公司扎下根，一门心思搞设计。最终，该公司研发的新型手机游戏在投放市场后，取得了巨大成功，小张和公司都获得了不菲的经济回报。

小张在与公司进行薪酬谈判时，没有一味地追求满足自身的利益，而是考虑到公司的顾虑，所以愿意接受较低的薪酬。但同时小张也自信地提出了追加提成的要求，这样无疑使自己和公司结成了利益共同体，可以让公司方面感觉到他的进取心，而公司也会尊重他的正当利益，满足他的要求。如此一来，双方互相尊重，达成共识，之后的合作也进行得非常顺利。

由此可见，尊重对方的正当利益是谈判中非常重要的一个原则，它可以让难以沟通的问题获得彼此都能满意的解决方案。因此，我们在谈判中应该谨记：对方具有对等的权利拥有自己的正当利益。我们可以不喜欢对方的某些行为或工作方式，但是应当尊重对方拥有自己利益的权利。假如不这样做，就可能招致对方的愤怒、反抗或单方行动，这无疑会损害你的利益。

不过，要想做到尊重对方的利益，先要学会发掘对方的利益，而这需要我们从以下几点做起：

发掘和寻求对方的利益

对方的利益有时会浮现在表面，有时会潜藏在其内心深处，很难轻易获取，有时通过简单的谈判问答也很难探知，这时就需要谈判者多方收集信息，判断什么才是对方最想从谈判中获得的。

另外，对方的利益还有预期与非预期之分，预期利益是对方意料之中的收益和好处，而非预期利益则会让对方喜出望外。如果我们能够抓住这一点下功夫，就有可能对谈判的结果产生深远的影响。

强调该利益点的重要性

如果我们成功找到了对方的利益点所在，那么下一步就是向对方反复强调该利益点的重要性，使对方能够被深深地吸引。一般而言，如果该利益点确实能够切中“要害”，谈判对方是很难不动心的。

比如，哈佛大学的一位教授打算租用一家饭店的宴会厅举办讲座，但在租金问题上始终无法与饭店经理达成共识。后来，教授从经理的真正利益——“为酒店打开知名度”出发，反复向经理强调“来参加我讲座的不乏商界、学术界的一些知名人士，这无疑能够提升你们酒店的形象和知名度，效果可能比花钱做广告还要明显”。经理听完教授的话大为动心，主动降低了租金标准。

在这里，教授能够获得谈判的成功，就是因为他能够关注对方的利益，并反复强调怎样做对对方更有利，进而获得对方的充分认可。

引导对方达成共识

在找出并强调对方的利益点之后，我们可以将对方的思路引导回谈判，找到谈判本身与对方利益点之间的内在联系，使对方能够自然而然地发现，接受谈判结果对自己是有利的，那么对方就会为谈判的成功贡献自己的力量。

需要提醒的是，这种引导必须建立在真实的基础上。不能为了说服对方而故意夸大一些利益点，否则对方一旦发现我们有欺骗的嫌疑，就会立即改变态度，甚至有可能出于愤怒的心情而提前结束谈判。那么我们之前为谈判所做的一系列工作也就白费了，所以我们一定要避免用虚假利益诱导对方。

原则与妥协的统一

在谈判时讲求原则与妥协的统一，即反对“过”与“不及”。

南宋德祐二年（1276 年）正月，元军进逼临安（今浙江杭州）。

文天祥等人受朝廷派遣，与元军谈判。文天祥一见元军统帅伯颜便“陈说大义，慷慨不屈”，并对伯颜说：“本朝承帝王正统，衣冠礼乐之所在，北朝欲以为国欤？欲毁其社稷欤？”伯颜称：“社稷必不动，百姓必不杀。”既然如此，文天祥又向伯颜提出退兵平江或嘉兴：“俟讲解之说达北朝，看区处如何却续议之。”他又向伯颜分析形势：虽然元军渡江，进围临安，但南宋仍有相当实力，“淮东坚壁，闽、广全城”，“两国成好”，南宋以岁币贡奉元，“幸甚，不然，南北兵祸未已，非尔利也！”伯颜见文天祥正气凛然，言之有理，不禁自惭形秽。

文天祥与处于绝对优势的元军统帅谈判，处境极其艰难，但他毫不示弱，一方面强调南宋在政治上的正统地位、在军事上的某些优势，以及自己“以死报国”、不惧“刀锯鼎镬”的勇气，使伯颜“未敢遽轻吾国”；另一方面又承认元朝为北国，与南宋是平等的谈判主体，答应贡献岁币，两国通好，罢兵言和。

文天祥的这种谈判谋略，就是将原则性与妥协性相结合，不因此而废彼。讲原则，保全南宋社稷，但承认让步与妥协；讲妥协，但不允许元朝灭亡南宋，这是妥协的目的和限度。概言之，妥协有限度，原则要灵活，不可偏废，不可过度。

一般的谈判者对于立场问题看得很重，因此很容易在立场问题上争执不休。谈判各方在立场上的进与退虽然也可能达成某些协议，但是这种谈判策略本身有极大的副作用。而原则谈判模式，不主张在立场的争执上倾注精力。任何一种谈判策略是否可取，可以用以下三个标准来判断：

如果有达成协议的可能，它就应该有助于产生明智的协议；

这种谈判策略应该有效率；

这种谈判策略要有利于或者至少不伤害各方的关系。

显然，采取立场争执是无法达到这三项标准的。在多边谈判的情况下，立场争执所隐藏的缺点更加严重。

在世界各知名大会的提案表决中，“赞成”“反对”或“弃权”所表明的就是一种立场，各国都把这种立场看成是不可更改的。没有国家会在一个问题上同时投两种不同立场的票。可见，此时想在立场上达成协议是非常困难的，即使持相同立场的国家结成了暂时性的联盟，也只意味着它们之间存在着某种形式的共同利益——这种利益有的是实质性的，而有的（多数情况下如此）却只是象征性的。于是，在软弱和强硬这两种立场中或在它们之间确定一种策略，便能与对方妥协或结成联盟。但这种妥协或联盟也很可能因各自实质性利益的冲突而日益表面化，最终宣告破裂。

在谈判时讲求原则与妥协的统一，即反对“过”与“不及”。这种原则不但被广泛记载于中国古代谈判史中，而且也体现在近现代的各种谈判活动中。

这种原则谈判策略主张即使谈判实力不如对方，也不应百般迁就对方，而应把眼光放远一点，心胸放宽一点。谈判者常常容易固执地想万一不能达成交易，后果会如何，对自己以后的影响又会如何……这样的担忧多了，就会自觉或不自觉地迁就对方。其实有许多事情并不像我们想象的那么严重。

本章精彩观点

- 商务谈判的核心就是为自身谋求最大利益，妥协只是一种手段。
- 谈判双方需要注意突破各方表面立场上的冲突，努力探求对立立场背后的利益,努力寻找满足各方需要的解决办法。
- 谈判双方要适当考虑对方的利益，因为本方利益的实现是以对方利益的存在为前提的。

第三章

谈判的根本目的

——以建设性的态度解决问题

一个人的态度会对其行为产生指导性作用，谈判双方在谈判过程中一定会表现出各自不同的态度，谈判双方的态度对于谈判能否成功具有重要的作用。妥协是一种能体现谈判诚意的方法。

在谈判过程中，为了得到一个满意的结果，双方必须本着彼此合作、共同解决问题的建设性态度对待谈判，也就是说，双方都应该站在对方的角度去看待问题。如果谈判双方都不是以建设性的态度去解决问题，这样的谈判是很难获得成功的。

积极的妥协促进谈判成功

“共同解决问题”的方式对于谈判双方更有利，因此真正的谈判高手在谈判过程中总是以建设性的态度解决问题，并且通过自己的态度感染和影响对方，最终达到双赢的谈判目的。

在谈判中，拿出解决问题的积极态度是非常必要的。谈判高手无论是面对顾客，面对员工，还是面对谈判桌对面的对手，都会以一种积极解决问题的态度来处理彼此间的关系，这种积极解决问题的态度不但可以避免谈判走入“死胡同”，还是使自身与他人或其他团体实现共赢的最佳途径。如在上述案例中，高新区的谈判小组始终坚持建设性的解决问题的态度，避免了谈判陷入僵局，并且与对方结成了良好的合作关系。这种合作不仅能够为高新区带来源源不断的经济收益，也能让对方获得更多生产方面、销售方面的便利，实在是双赢的好事。

既然建设性的解决问题的态度对于谈判以及其他社会关系和经济关系的处理有如此重要的作用，那么我们就有必要弄清楚究竟什么才算是建设性的解决问题的态度。而在弄清楚这个问题之前，我们必须正确理解谈判态度的概念和意义。

从心理学的角度来看，态度是指人们在对客观事物认识的基础上所持有的较为稳定的心理倾向，它往往通过人们的意见、判断和行为倾向表现出来。人们对待事物的看法是有差别的，甚至是截然不同的，因而人们的态度也各不相同。由于人们在对某一事物做出赞成或反对、肯定或否定的评价时，会表现出某种反应性的倾向，即心理学上所说的定式作用，所以一个人的态度不同，就会影响到其看、听、想、做，从而产生明显的个体差异。由此可见，一个人的态度会对其行为产生指导性的作用。

人们对待任何事物都会产生各自的态度，在谈判中也不例外。谈判双方在谈判过程中一定会表现出各自不同的态度，谈判双方的态度对于谈判能否成功具有重要的作用。在谈判过程中，如果谈判双方对谈判项目都持积极合作的态度，这场谈判就成功了一半。因此，精明的谈判者常常会恰如其分地向对方显示自己对谈判的积极态度，同时会设法促使对方的态度变得更有利于问题的解决。在下面这个索赔谈判的案例中，厂方就是以积极的、建设性的态度同客户一起解决了存在于双方之间的重要问题。

2014年3月，广东省一家生产货架的厂商接到了客户的投诉。客户称自己订购了40个精品展示货架，原以为凭借该厂商的信誉，产品的品质肯定会让人放心。可是没想到收到的产品在一些配件上出现了问题：边角有十分明显的生锈和磨损的情况，影响了产品的外观，致使客户没有办法投入使用。客户对此十分失望，要求该厂商赔偿至少 30% 的货款。

对于客户的投诉，该厂商非常重视。首先，他们到生产部门进行了调查，发现这批货架确实没有做好品控工作。当时，由于工期比较紧，工人加班加点生产，时间本就来不及，质检部门在审核时就比平日稍微放松了一些标准。但总体而言，生锈和磨损的情况并没有像客户描述的那么严重。

之后他们又到库房进行核实，从仓库工作人员处了解到最近恰好是梅雨季节，公司收到的配件有个别出现了生锈情况，因为问题较小，时间又紧，来不及调换，便将这批配件发送到了生产部门，使用到了产品上。当时觉得问题不严重，可是没想到经过一个月的运输，等产品到达客户所在地后，生锈的部位扩大了，这引起了客户的强烈不满。

在分析完原因之后，该厂商认为产品出现问题大部分是由客观原因造成，但己方没有严格质检，也确实应当承担一部分责任。于是该厂商派出了一位富有经验的销售员，通过电话与客户进行了几次“谈判”。

在谈判中，销售员将厂商自查的结果向客户做了报告，着重指出这些货架只是外表有一些锈斑，内在品质并未受到影响，所以客户仍然可以放心使用。不过，对于这次交易给客户带来的不便，销售员代表厂商诚挚地向客户道了歉，并表示会以积极的态度解决客户的问题，绝不敷衍、逃避。但是也希望客户能够体谅厂商的难处，不要将索赔的比例定到 30% 这么高。

这位客户其实是一个通情达理的人，他知道，自己最初出于愤怒定下的高额赔偿标准确实不合理。如果非要坚持下去，很有可能会导致和厂商谈不下去，到时候厂商不再向自己提供服务，自己也会陷入麻烦的境地。届时就算是要通过法律程序追索责任，也会耗时耗力，成本难以估计。所以，他也同意当前谈判的重点是要解决问题，30% 的索赔比例可以调整，但自己的损失一定要得到应有的补偿。

销售员感觉到客户的态度有所松动，便趁势拿出了准备好的方案：赔偿客户 8% 的货款；加赠一个最新款的高级货架；立刻安排当地分公司的工作人员到客户处，对货架进行维修、补漆，使客户可以在最短的时间内使用这批货架；在之后的使用过程中，如果这批货架再出现问题，客户也可以通知工作人员，要求他们上门进行免费维修。

客户一听，觉得厂方的态度很有诚意，也确实解决了自己的问题，加上自己着急使用这批货架，也不打算进行退换，便接受了销售员的赔偿方案。

厂方能够成功解决客户提出的索赔问题，是因为他们能够用积极的态度解决客户最为关注的问题，并且从客户的角度进行适度妥协；而客户也没有过于计较索赔金额，而是以合理的方式从厂方获得了补偿，双方本着共同解决问题的态度进行谈判，最终促成了谈判的成功。

这种致力于解决问题的谈判态度是值得我们学习的。在现实谈判中，并不是所有的谈判者都会表现出这种态度，有很多人偏离了“共同解决问题”的方向，陷入了讨价还价的拉锯战。用分肉饼来打比方，纯粹的讨价还价就好比把一张肉饼铺开，双方开始争夺，一方争的多了，另一方自然就只能获得剩下的一小部分，所以谁都不会轻易示弱。“共同解决问题”则是双方共同努力想办法把肉饼做得更大，这样双方都能得到更多。

巧妙利用态度赢得妥协的筹码

经验丰富的谈判者往往能够从谈判桌上人们表现出的各种态度探测其真实的心理状态，而一旦准确探测到谈判对手真实的心理状态，就很容易掌控谈判大局。这样一来，谈判形势往往就会朝着有利于自身的方向倾斜。

人们对某种事物的态度不是凭空而来的，而是围绕着一定的核心展开的。人们对某一事物的态度的核心在于价值，即人们的态度取决于该事物对他们的意义大小，也就是事物所具有的价值大小。在谈判中，体现为交易的社会价值和经济价值。态度具有探测人心理状态的功能。在具体谈判中，谈判内容对谈判双方有无意义、有多大的意义，受谈判者的需要、兴趣等个性倾向影响和制约。所以，对同样一件事，由于人们的价值观不同，产生的态度就会不同。因此，对于能满足需要的事，人们会产生正面积极的态度；反之，则会产生消极的态度。这样一来，态度的实质就是表明外界事物与人的主观需要之间的关系。于是态度获得了衡量这种关系的工具性功能，即探测人的心理状态的功能。

由于态度表明了外界事物与人的主观需要之间的关系，所以**经验丰富的谈判者往往能够从谈判桌上人们表现出的各种态度探测其真实的心理状态**，而一旦准确探测到谈判对手真实的心理状态，就很容易掌控谈判大局。这样一来，谈判形势往往就会朝着有利于自身的方向倾斜。

一家商业杂志社的杂志在高端客户群中拥有众多读者，也因此吸引了很多广告商的关注。一天，广告部的魏经理接待了一名广告商，他希望能够在今后半年的杂志内页贴上他们公司的一种会员卡。这个要求对于魏经理来说并非难事，也不会增加多少印刷成本，于是他开出了18万元的价格。这个价格比平时此类业务的估价要高一些，因为魏经理知道对方肯定会还价，所以特意留下了一些余地。

果然，广告商听见这个数字后，马上做出了非常惊讶的表情，眼睛瞪大、嘴巴张开、眉毛上挑。见多识广的魏经理觉得广告商的表情有些过于夸张，不禁在心中暗暗发笑。在“惊讶”了几秒后，广告商用为难的语气说：“魏经理，我非常想跟您合作，可是这个价格也太高了，我不好跟领导交代啊。”

魏经理早就知道这名广告商一直全权负责这项业务，根本就无须向上级请示。所以他的种种表情和假装出来的为难，都只不过是讨价还价的招数罢了，这些虚张声势的行为反而说明他很想做成这笔交易。

魏经理想了想，对他说：“刘经理，你就不要再谦虚了。谁不知道你在贵公司的地位是数一数二的，只要你拍板同意，咱们的合作就不成问题。”魏经理这样一说，对方也不好意思再用“领导”做挡箭牌，只得苦笑着摊开手说：“哪里哪里，我不过只有15万元的拨款权限，您说18万元，我也没办法应承不是？”

“这样啊……”魏经理也开始装糊涂，他做出沉思的样子，自言自语道：“版面也不多了，要不就算了吧……”

“别别别……版面一定得留给我们……”对方一听就着急了，看来魏经理之前对他态度的分析是完全正确的，他确实非常希望能够借助杂志的名气宣传自己的公司。魏经理看他的语气确实变得诚恳了，同意将价格适当减少一些。最后，双方都进行了一些妥协，合同很快就签好了。

在谈判中，广告商用“故作惊讶”“求助上级”等招数，想要讨价还价，而善于谈判的魏经理并没有上当，反而从广告商的种种表现中看出了其对于达成交易的迫切心理，这样一来，魏经理无疑掌握了至关重要的谈判筹码，并可以借此影响对方，使对方不再坚持其不合理的要求。如此一来，即使魏经理在之后的谈判中需要进行妥协，也可以做到恰到好处，而不会无限度地同意对方降价的要求。

由此可见，在谈判中掌握对方的态度是非常必要的。正因为态度不仅能反映人的核心价值观，而且能表明外界事物与人的主观需求之间的关系，所以精明的谈判者不仅会从对方在谈判桌上的种种态度表现来了解对方的真正需求，而且还会尽可能地在谈判过程中利用自己外在的态度表现以达到迷惑或者感染对方的目的，从而把态度变成一种在谈判过程中解决问题的重要方法。

不要追求完全平等的让步

在谈判中，不要追求完全平等的让步。我们在做出让步以后，无法要求对方也做出同等程度的让步。能不能争取到互利互惠的让步方式，很大程度上取决于我们进行商谈的形式。

我们通常有两种不同的谈判方式：一种是纵向深入，即先集中谈判重要的原则，再开始解决其他问题；另一种是横向铺开，针对几个话题同时展开谈判，同时取得进展，同时向前推进。显然，采用纵向商谈时，我们易与对方纠缠于某一问题而争执不休，即使经过一番努力后，也很可能只会有一方做出让步；而当选择横向商谈时，因为把所有谈判的内容、议题集中在一起同时展开商谈，我们很容易在各个方面都进行利益交换，获得互利互惠的让步。

需要注意的是，这种互利互惠的让步并不等同于“完全平等”的让步。因为这是不切实际的，也很容易让我们陷入对细枝末节利益的过分追求，进而导致谈判难以有所进展。所以，让步应当是适时、适度的，只要能够使我们最终获得满意的结果，让步就是合理的，不必过分追求平等。

2017 年，江苏省南京市的一家房地产 A 公司准备开发一个生态社区项目。为此，A 公司打算向一家专业生产天然实木地板的 B 公司订购一批优质地板。B 公司向 A 公司发送了产品方案，A 公司非常满意，于是决定就产品的价格、质量、货物运输、款项支付等细节问题进行谈判。

在谈判中，B 公司给出了每平方米 180 元的价格，这个价格高于市场平均价格。A 公司的代表马上提出疑问，希望 B 公司拿出“诚意”来，不要漫天要价。B 公司知道自己的报价有些虚高，这种报价不过是为了给之后的商讨留下一些余地。所以B公司代表用谦虚诚恳的态度向A公司代表道歉，并请他们说出在价格方面有什么具体要求。

A公司代表要求B公司给予3折优惠，这个价格显然是不可能达成的，B公司代表立刻予以拒绝，并拿出一份最新的市场行情报表，想要以真实数据说服对方。A公司代表也做了充足的准备，他们拿出一份质检报告，指出B公司的实木地板虽然品质上佳，但也存在一些怕湿、怕潮、需要经常维护才不会变形的缺点，所以在价格上理应优惠一些。两家公司的代表你来我往，谁也说服不了谁。B公司代表担心谈判会陷入僵局，主动进行了妥协，提出可以将价格降为每平方米170元。

A公司代表仍然不满意，眼看谈判气氛开始转冷，B公司代表提出把这个问题缓一缓，先看看其他几个问题。于是双方开始讨论运输和支付的问题，A公司代表提出想用集装箱水运和火车运输结合的办法，以尽量减少成本。B公司代表立刻表示支持，还提出会让技术人员配合A公司进行货物装运，以确保产品不会因为运输中的磕碰而影响品质。而在运输费用方面，A公司希望B公司能够承担一部分，B公司也进行了妥协，这让A公司代表感到非常满意。

借着这个良好的势头，B公司代表重新提起了价格问题。这次，A公司代表的态度软化了很多，双方几经交涉，将地板价格最终确定为每平方米150元，同时B公司愿意承担运输费用的

20%，A 公司则同意在确认收货后将所有货款一次性支付，免除 B 公司的后顾之忧。

至此，双方关注的问题都得到了解决，而且双方对谈判结果都十分满意。

在这个案例中，B 公司代表率先在价格上做出让步，但并没有得到 A 公司同等程度的让步，不过 B 公司代表并没有因此而生气，也没有继续纠结于细枝末节，而是想办法将难以推进的纵向谈判转变为多个问题同时洽谈的横向谈判，使双方关注的焦点暂时发生变化，紧张的谈判气氛也得到缓解。接下来，B 公司在运输问题上对 A 公司表示强烈支持，并同意承担部分运费，这使得 A 公司代表的态度发生变化。在这种良好的氛围中重启之前的议题，难度也会下降很多。而 B 公司虽然没有在当时获得完全平等的让步，但最后还是得到了满意的谈判结果，并且赢得了一个意外惊喜——A 公司愿意一次性支付全部货款。

由此可见，适当的让步有时不仅可以产生互利互惠的结果，还会让我们有意外的收获。它往往会使对方的态度逐渐软化，而这对于我们来说是非常重要的。

在让步时，我们可以从以下四个方面做出选择：

选择时机。让步的时间可以提前也可以推迟，重要的是选择最佳的时机，以便更充分满足对方的要求。这个要诀在于使

对方迫不及待地接受，根本来不及犹豫和思考我方的动机。

选择内容。让步的内容可以让对方满足或者增加对方满足的程度。人们常常可以从讨论的问题中、与问题有关的事情或不相关的其他人那里获得一定的满足感或者增加满足的程度。

选择成本。让公司、公司的某个部门、某个关键人物或者由谈判者本人负担成本上的亏损。让步的实质比表面上更为微妙，它让我们不得不思考：受益人、用什么方法、在什么时候以及什么来源。这些都必须全盘周详地考虑清楚，才能更有效地运用。

选择好处。谈判者所代表的利益和因此受到的压力是多方面的，其利益抉择经常关系到公司、公司中的某些组织部门、某个关键的第三者以及其自身的利益。己方做出的让步，不应该仅仅针对其所代表的公司，如果对于各方面的利益都能兼顾，对方会更乐意接受，并且会很愿意做出相应的让步，哪怕让步程度大一些，他也更容易向各方面交代。

当然，想要争取这种互利互惠的让步，需要谈判者有开阔的视野，除了某些己方必须得到的利益必须坚持，不要太执着于某一个问题。

为争取互利互惠的让步，根据众多的谈判实践经验，我们有如下五点警戒：

不要在不需要的时候让步，要在最需要的时候让步；

不要以让步换失败，要以让步换让步；

不要在让步的时候毫无表示；

没有必要做出完全平等的让步；

不要抢先让步。

努力缩小双方态度的差距

谈判双方之间会存在一定的态度差距，如果这种差距太大，就很容易出现谈判破裂的局面。这时就需要谈判双方采取适当的方式，缩小双方之间的态度差距。

不论在方向上还是在强度上，由于双方各自代表的利益不同，以及种种客观因素的影响，谈判双方之间会存在一定的态度差距，这种存在于双方之间的态度差距会对谈判双方问题的解决产生重要影响。如果谈判双方之间的态度差距不太明显，那么通常就不会在双方之间造成太大的矛盾，这样，存在于双方之间的问题也会及时得到解决，谈判进程也会进行得更加顺利；相反，如果谈判双方之间的态度差距太大，就会形成难以解决的双方矛盾。这样一来，存在于双方之间的问题不但不能得到及时解决，而且随时会面临恶化的可能，最终谈判进程只能搁浅，甚至出现谈判破裂的局面。但是如果谈判双方能够采取适当的方式互相妥协，缩小双方之间的态度差距，那么谈判进程就会继续开展，当双方的态度差距缩小到一定程度时，谈判就有可能成功。

以商品贸易谈判为例，在进行商品贸易谈判的过程中，买方总是想以最低的价格获得商品，而卖方则会千方百计地提高商品的价格以获得更多的利润。但是如果双方提出的产品价格差距过于悬殊，买卖双方之间的谈判就很可能会过早地以失败告终。其实，买卖双方提出的价格差距正是彼此之间态度差距的外在反映，如果能够及时缩小双方之间的态度差距，买卖双方就不会因为价格差距悬殊而使谈判归于失败。但是如何才能使令人敏感的价格差距变得更符合彼此的接受程度呢？

一位优秀的谈判专家被一次运动会的组织者聘为谈判代表，负责和一些鼎鼎有名的公司协商关于运动会中不同项目的主办权问题。一天，这位优秀的谈判专家来到一个汽车生产商的办公室，向财大气粗的汽车生产商推销田径比赛的主办权。他不厌其烦地向这位汽车生产商介绍其竞争对手在运动会的一些项目中都是怎么做的，而且还特意为对方举了一个例子："商家在每个运动项目中都有很多可以做的事情，如在上一次运动会，某公司就为获得羽毛球开幕式的主办权花了 ×× 万美元。"他向对方提出了一个试探性的价格。

对方对这个价格感到非常不可思议，汽车生产商接着谈判专家的话说道："我没想到要花这么多钱，我们公司绝对不可能花这么多钱做这件事情。"汽车生产商的态度相当坚决，这位谈判专家知道对方愿意出的价格一定和自己刚才提出的价格相差甚远，在大致摸清对方的想法之后，谈判专家开始调整自己的谈判方案，从而及时避免了双方的矛盾。

后来又经过几轮你来我往的谈判，汽车生产商开始对这次运动会田径比赛的主办权产生了极大兴趣，而且认为谈判专家最后提出的价格也在他的接受范围之内，所以过了没多久他们就签订了合作协议。谈判专家成功地完成了这次谈判任务，而汽车生产商也以理想的价格获得了田径比赛的主办权，他们公司的汽车广告也大张旗鼓地展开了。

这名谈判专家为了缩小双方之间的态度差距，采用了非常巧妙的方法：他先旁敲侧击地给出一个高价，然后根据对方的态度反应估测出对方可能接受的价格范围。如此一来，谈判专家就可以很好地把控谈判的节奏，也能在妥协时做到恰到好处，既可以让对方满意，又不会让己方付出太大代价。这种高超的谈判技巧是每个商务谈判者都需要学习的。

在商务谈判过程中，谈判双方总是基于一定的利益需求参加谈判的，为了满足自身的需求，谈判双方都希望谈判能够顺利完成。但这种理想的谈判过程是很少存在的，商务人士遇到的更多是在谈判过程中接二连三的问题和彼此之间需要解决的矛盾。而这些问题和矛盾的解决过程实际上就是谈判双方互相协调利益和缩小态度差距的过程。当双方的态度差距及时缩小、双方利益得到合理协调之后，谈判双方就会摆脱谈判僵局，共同迎接谈判的成功。

在谈判中，经常会遇到双方互不相让而使谈判陷入僵局的情形。此时，谈判者绝对不能漠视这种状况的延续，而应该开拓思路，寻找新的切入点，尽最大努力获取对方的相关资料，发掘对方的真正需求，然后根据对方的需求合理调整己方的态度和要求，最终实现谈判过程中与对手的双赢合作关系。

破解谈判中的僵局

当商务谈判人士面临谈判陷入僵局时，千万不要只为自身利益考虑，而应该适当地顾及对方利益的实现。只有双方相互理解、共同妥协才可能走出僵局，否则只能使谈判走向破裂。

几乎所有的商务谈判人士都遇到过谈判陷入僵局的情形，当谈判双方都不愿意对分歧做出相应的妥协时，谈判进程就会出现停顿，谈判也就陷入了僵局。谈判僵局一般都是在谈判进入实质性的磋商阶段之后出现的，这种情况出现的原因常常是谈判双方由于某些原因相持不下，最终陷入进退两难的尴尬境地。谈判僵局的出现会使谈判进程受到很大影响，如果不能很好地避免僵局出现，或者当僵局出现时谈判双方不能有效地加以解决，那么很可能马上就会出现谈判破裂的局面。

中国南方的一家公司以生产农业机具为主，由于公司没有相应的销售渠道，产品的销售一直被一家知名的销售公司控制。也就是说，这家农机公司只是制造和装配农业机具，从来没有开展过销售业务。那家知名的销售公司在市场上具有雄厚的实力和活力，销售额极大。正因为以上这些原因，这家生产农业机具的公司每天实际上就是为了满足销售公司的需求而运行。也就是说，销售公司需要什么，他们就生产什么，并且由销售公司决定生产的数量。在合作过程中，销售公司不断压低产品价格，同时还要求农机公司提供更多的额外服务。而因为原材料涨价等因素，农机公司的利润趋近于零,有的产品甚至出现亏损。在这种情形下，农机公司提出要和销售公司进行谈判。

由于双方已经有很多年的交往，所以谈判开门见山，很快就直奔主题。农机公司提出希望销售公司顾及他们面临的困境，适当地改变他们的亏损形势,以便使以后的生产活动能够顺利运行。

销售公司的谈判代表非常坚决地表明了他们的态度："你们这些产品的全部业务都是从我们这儿得到的，我们理应受到特殊待遇。如果没有我们销售公司的努力，你们公司根本就不会撑到今天。所以你们有责任供应我们需要的东西，并且应该尽可能地提高工作效率，抓好管理成本的控制。你们应该向效率、向管理要利润，而不是向我们要利润。"

面对销售公司强硬的态度，农机公司十分气愤。虽然农机公司的产品需要销售公司去开拓市场，但是如果农机公司不给销售公司提供优质、低价的产品，销售公司的业务就不会那么红红火火地开展下去。于是一气之下，农机公司代表当即告诉销售公司："在和你们公司合作的过程中，我们公司已经处于无利可图的境地，实在没必要耗费大量的人力和物力为你们公司创造大量利润，所以我们决定马上停止向你们公司供货。"

销售公司自恃拥有广阔的市场渠道，认为农机公司虽然不为他们制造产品，但是其他地方还有许多这样的农业机具生产厂商，这些生产厂商都为产品卖不出去而发愁。所以他们相信，即使没有农机公司，销售公司照样会运转良好，而农机公司则会因为产品销售不出去而很快来找他们。

但农机公司却认为，既然和销售公司的合作不但换不来利润，还会常年亏损，那么宁愿公司倒闭也不愿意再和他们继续合作。农机公司也知道，销售公司不可能再从其他生产厂商那里得到和他们一样优质和低价的产品，而且其他厂商也不可能提供更多更好的额外服务。

就这样，谈判在双方的僵持中以失败告终，农机公司和销售公司都不肯向对方表示一丝妥协。结果一个半月之后农机公司的产品全部积压在仓库里，而销售公司也因为找不到合适的生产厂商而大大缩小了市场份额。

上述案例中的谈判双方都不善于处理谈判僵局，他们不懂得妥协的重要性，一味要求对方向自己低头示弱，导致谈判走入了“死胡同”，最终两败俱伤。这种谈判僵局的出现对于商务谈判中的任何一方来说都是十分不利的，一定要注意避免。

那么，面对谈判过程中不可避免的僵局，谈判双方应该如何使自己理智地跳出谈判僵局呢？

所有谈判僵局的形成都离不开利益冲突。因此，要想真正打破谈判过程中的僵局，谈判者必须掌握处理利益冲突的基本原则。

商务谈判的核心目的是为己方争取最大程度的利益。不过，谈判的利益冲突往往不在于客观事实，而在于人们的不同想法。在商务谈判中，如果双方各执己见，往往都是按照自己的思维定式考虑问题，通常想到的更多是自身利益的得失。这是人之常情，但也是导致谈判陷入僵局的关键因素。所以，想要摆脱谈判僵局，要多从利益的角度思考问题，看看能否找到两全其美的好办法。

为此，谈判者不妨尝试以下几种处理僵局的方法：

不妨站在对方的立场上考虑问题。

不要以自我为中心推测对方的意图。

相互讨论彼此的见解和看法。

要让对方感觉到自己参与了谈判达成协议的整个过程，协议是双方想法的反映。

在谈判过程中要始终照顾对方的情绪，不要伤害对方的感情或使对方感到被轻视或侮辱。

谈判桌下的缓和法

在谈判陷入僵局之前巧妙地中止谈判，在谈判桌下以适宜的方式来缓和谈判桌上的紧张气氛。

谈判者经常会有这样的感觉：在谈判桌上，双方态度严肃拘谨，陈词小心谨慎，在短兵相接时又常常唇枪舌剑、互不相让。而下了谈判桌以后，双方则态度轻松、气氛和谐。谈判桌上的剑拔弩张和谈判桌下的轻松愉悦构成了谈判的一道独特的风景线。

国外有谈判专家专门对此进行过多年的研究。结果发现，在大型劳资谈判或者商业谈判中经常出现这种局面，即到谈判的最后阶段，正式谈判的会期往往变得越来越短，而分散的非正式谈判则变得越来越多、时间也越来越长，场外的交流也变得越来越频繁。高明的谈判者会在谈判过程中，通过转换谈判的环境、形式等方式来缓和之前的紧张气氛，使谈判对手的情绪发生改变，逐渐缩小双方的差距，最后达成谈判协议。

沈建飞是一家公司的营销主管。最近公司正在进行一次大型的促销活动，总经理要求营销部门与市场部门通力配合，一定要让活动产生足够的影响。沈建飞为此和市场部的李经理专门沟通过几次，提出了自己的一些要求。但李经理会错了意，总觉得沈建飞是想推卸责任，故意为难自己。所以双方之间的“谈判”一度陷入僵局，活动策划一直没有进展，这让沈建飞十分着急。

这天一大早，沈建飞就找到李经理，对他说：“我提出的那几点要求你们怎么还没开始执行呢？时间就要来不及了！”李经理顿时不高兴了：“我只对总经理负责，你凭什么对我指手画脚？”

看来事情没办法谈下去了，沈建飞心里也很生气，但他知道自己要是在此刻发脾气，双方之间的谈判就更进行不下去了。所以他只能对李经理说：“你先忙，下班的时候我再来找你详谈。”

赶在下班前，沈建飞又一次来到李经理的办公室，还没等对方开口就主动说想请对方出去吃个便饭。李经理见沈建飞态度十分诚恳，也不好意思再和他争执，就接受了他的邀请。

两人来到公司附近的一个西餐厅，在安静的氛围下品着红酒，彼此都觉得放松了很多。沈建飞先和李经理闲聊了几句，看李经理情绪不错，就将话题转到工作上，把自己之前提出的那几点工作要求又说了一遍。不过每一条他都做出了充足的解释，表示自己并不是为了给市场部找麻烦才这样做。说完之后，沈建飞还补充道："我知道你们人手有限，明天我就叫小刘和小杜去给你们帮忙，还有什么困难你尽管讲。"

李经理知道小刘和小杜是营销部门最优秀的两名员工，让他们来帮忙，工作进度肯定会大大加快。看来沈建飞确实是拿出了诚意，李经理心里的怨气顿时少了一大半。之后，两人就会场布置、网络宣传、物料准备、资金配置等方面的细节进行了细致的商谈，李经理把自己的难处一一说了出来，沈建飞也对原来的活动进行了一些调整，降低了一点难度。李经理也根据部门的实际安排，在人员、时间上做出了不少让步，最后大家在饭桌上达成了一致。李经理表示明天就让市场部的全体员工行动起来，保证如期完成任务。沈建飞的目的达到了，心里觉得十分欣慰。

如何缓和僵局，让谈判顺利进行下去，案例中的这位谈判高手给我们做出了一个不错的示范。为避免双方的关系破裂，他选择了巧妙地中止谈判，并将谈判的"主战场"从严肃的办公室转到了轻松、休闲的西餐厅。之后在谈判桌下以适宜的方式来缓和双方之间的紧张气氛，等到气氛渐渐由剑拔弩张转化为平和愉悦的时候，双方想要达成共识就变得容易多了。

这个案例也提醒我们，在谈判中感觉谈不下去、出现僵局时，可以采用转换谈判环境、谈判形式、谈判话题的办法来缓和气氛，待气氛融洽时再巧妙地将话题引回谈判中，然后双方再根据情况做出适度的妥协，就能够停止无谓的争辩或较劲，并有可能找到让彼此都满意的解决方案。

妥协要选择恰当的时机

每天都会有许多意想不到的时机出现在你面前，一个高明的谈判者要会利用时机，引导事情朝着对自己有利的方向发展。

在谈判中，什么时候应当让步，什么时候不应当让步，都是很有讲究的。一个高明的谈判者不一定要成为能预知这些良机的先知，但他必须敏感地对这些良机的重要性做出及时反应，以引导事情朝着对自己有利的方向发展，也就是说，在谈判中要会利用时机，做出恰到好处的让步。

章磊在某购物网站上开了一家网店，主要销售渔具产品。一天，一位顾客在网上联系章磊，说自己想要批发一些渔具，数量较多，希望章磊将价格降低一些。

章磊对于这单大生意当然非常欢迎，但他没有立刻答应顾客降价的要求。因为他很清楚，太快做出让步，顾客就会认为还有更大的讲价余地，就会继续在价格问题上纠缠，让自己的利润被压缩得更少。

于是章磊明确表示不会降价，并让顾客在平台上对比一下其他网店的价格，看看还能不能找到更加价廉物美的产品。章磊其实很清楚，平台上的价格几乎是透明的，顾客能找到自己，就说明他早就做过这样的比价工作了。果然，顾客的态度松动了："你家的价格确实有优势，不过，我购买的数量很大，真的一点都不能优惠吗？"

章磊在心中估算了一下，如果每箱产品让利15元，自己仍然有比较可观的利润。但是不能一下子就拿出这么大的让利幅度，以免勾起顾客"贪婪"的心理。于是他在顾客再三的请求下，用十分为难的态度提出每箱可以优惠5元。

顾客对于这个价格不太满意，继续央求章磊降价。章磊便打出苦情牌："您不能不让我赚钱啊，我们经营网店也是十分辛苦的，望您多多理解啊……"顾客终于失去耐心，用坚决的口气说："那就这样，你再给我每箱降 5 元，我马上付款，不再多说！"

听到顾客的这句话，章磊松了一口气，他一边叫苦连天，一边磨磨蹭蹭地修改了价格，显得十分为难的样子。顾客则爽快地付了款，并对这个价格非常满意，还特别感谢了章磊，说他服务到位、很有耐心。

这位网店老板在与顾客讨价还价的过程中，很好地把握了妥协让步的时机。他知道妥协让步不能过早，否则可能会抬高对方的期望，导致对方得寸进尺，就会让自己处于非常被动的地位，并会压缩自己从谈判中获得的利益；同时，妥协让步也不能过晚，否则对方彻底丧失了兴趣，不愿意继续谈下去，就会出现失败的结果。

因此，妥协让步一定要选择好恰当的时机。而且在妥协的同时，应当像这位网店老板一样，做出十分为难的样子，让对方有一种"占了大便宜"的感觉。这样对方就会有一种满足的心理，不但不会继续逼迫你让步，还会对你产生同情，促使谈判的成功。

当然，你也可以巧妙地利用时机赢得对方的妥协让步。下面的这些建议可以给你提供不少帮助：

利用别人高兴的时机。延长、续订或重新签订合同时，千万不要在合同即将期满的时候去做。如果想与对方达成对己优惠的

交易，应选择对方愉快的时候签订或者续订合同。如果对方得到某个好消息，即使与你无关，仍为你提供了一个良好的时机，这时向对方提要求，大多会比较顺利。当然，你的要求不能过分。

利用非常时机。在非上班时间或周末打电话，往往会有较大的效果。

本章精彩观点

- 谈判高手会在谈判过程中以建设性的态度解决问题，并且通过自己的态度感染和影响对方。
- 谈判桌上人们表现出的各种态度能反映谈判双方真实的心理状态。
- 妥协不是软弱，而是一种解决问题的积极方法。

第四章

谈判妥协的限度

——突破利益的底线

商务谈判总是围绕着利益竞争与合作展开的，满足谈判双方的利益需求就是商务谈判的核心。

当商务谈判的过程中出现其中一方的利益底线被突破、而另一方仍然紧逼不让的情况时，谈判就会马上破裂。因为利益底线被突破的一方已经没有进一步妥协的可能，这一方的妥协已经达到极限。

使用压力促使对方妥协

压力既可以起到促进谈判成功的积极作用，也可以导致谈判陷入僵局或走向破裂。谈判高手要善于使用压力促进谈判成功，而不要使谈判陷入僵局。

商务谈判既是一种智慧的较量，也是一场心理的较量。在商务谈判过程中，当谈判双方就所谈问题存在意见或分歧时，一方逼迫另一方，使其按照己方的意愿行事，否则就要采取行动造成一个不利于对方的结果，这就是谈判压力。这种压力往往会使被施压一方重新调整己方的利益，做出一定程度的妥协。所以巧妙地向对方施加压力常常成为商务谈判者逼迫另一方妥协的一种重要手段。同时，即使是久经考验的商务谈判专家也经常会遇到被对方施压的情形。

无论是施压还是受压，压力始终存在于商务谈判的整个过程中。可以说，包括商务谈判在内的所有谈判都是在压力中进行的。这种无所不在的压力对任何一方的谈判者都有两种截然相反的作用：一方面它可以促使谈判者调整、平衡双方利益，从而起到推进谈判走向成功的积极作用，现实中的很多商务谈判都是在一定压力的推动下获得成功的；另一方面它也是导致谈判双方产生分歧和对抗的因素，从而使谈判陷入僵局，甚至走向破裂。

那么究竟应该如何适度地向谈判对手施加压力，又应该如何缓解对方施加的压力？同时，又该如何把压力变成一种促进谈判成功的方式，而不使谈判陷入僵局呢？

2017 年 7 月，一家中国的电子公司研制出了一种新型电子显示技术，适用于穿戴式电子设备，但是还没有正式进行大规模应用，不知道市场效果。此时，公司因为之前的研发投入已经负债累累，经营出现了严重困难。幸运的是，欧洲一家公司慧眼识珠，派了三名代表飞了几千英里来洽谈转让事宜。来到这家电子公司之后，欧方的三位谈判代表无论从谈判礼仪方面还是外在态度方面都表现出极大的合作诚意，但是当谈判进入实质性的价格协商阶段时，他们提出的产品报价居然只有研制费用的三分之二！

这家电子公司面临的处境十分困难，而且如果这笔生意做不成，很可能会遭遇破产。对方正是因为比较了解该公司的处境，所以才故意向他们施加压力。但是无论压力再大，电子公司也不可能以低于研制成本的价格转让这种显示技术。因为一旦这样做，电子公司的糟糕形势就更加难以扭转。更何况，该公司的领导人知道，他们研制出的这种新型显示技术一定可以为对方公司带来巨大效益，虽然现在公众不太理解这种显示技术的先进性，但是对方公司早已十分清楚地认识到这一点。

一面是公司眼前的艰难处境和对方施加的巨大压力，一面是新型显示技术的研制成本和公司未来的发展希望，电子公司的领导人几乎成了夹缝中的羔羊，无路可走。然而，越是在无路可走之时往往越能开拓出一条新的生路。他们决定置对方施加的压力于不顾，同时通过拖延时间的方式反过来向对方施压。因为他们知道，过不了多久这种新型显示技术的先进性就会被人们了解，而这家欧洲公司对此肯定更是心知肚明。

经过一番认真考虑之后，这家电子公司派出谈判代表告诉欧洲公司："谈判先到此为止，等你们觉得真正有了合作的诚意之后，我们再坐下来对此事进行认真的谈判。"电子公司在短时间内主动提出结束谈判，这是欧方三位谈判代表根本没有想到的事情。而他们来到这里的任务就是必须和电子公司达成协议，而且总公司已经为他们规定了达成协议的最后期限。如果电子公司一拖再拖，那等待他们的结果将是非常可怕的。于是，在电子公司宣布谈判结束后的当天下午，欧方的谈判代表就要求谈判继续进行，他们的态度明显"合作"了不少，还主动表示愿意在价格方面做出较大程度的妥协。最终，电子公司以一个双方都能接受的价格转让了该新型显示技术，而那三位谈判代表也满意地回公司赴命去了。

缓解谈判过程中的压力的关键是必须了解可能产生压力的条件，从而采取某种方法使压力不能形成，最终达到解除压力的目的。而在谈判过程中，向对方施压要注意两点：一是压力要强到让对方知道你的决心不可动摇；二是压力不要强过对方的承受能力。中国的这家电子公司正是巧妙地运用了缓解压力和施加压力的方式，成功完成了这次交易，使公司免于遭受损失。这家电子公司的做法看似打破常规，实际上却是因时因势制宜、运用压力促成谈判成功的最佳策略。

在不突破利益底线的前提下让步

在自由平等的市场经济条件下，商务谈判中任何一方的妥协程度都不会超过一定的利益底线。

商务谈判中的谈判双方地位是平等的，但是由于经济实力、客观环境以及各自需要等因素的影响，经常存在谈判双方处于不同谈判地位的现象，如有一方处于强势谈判地位，而另一方则可能处于弱势谈判地位。在这种情况下，处于强势谈判地位的一方很可能会提出倾向于自身利益的条件，利用其种种优势使对方做出不得已的妥协；而处于弱势谈判地位的一方通常都会在无可奈何之下接受一些堪称苛刻的条件。但无论如何，在自由平等的市场经济条件下，商务谈判中任何一方的妥协程度都不会超过一定的利益底线——当处于强势地位的一方提出的条件过于苛刻，以至于弱势一方根本无利可图，甚至于要做一场明显赔本的生意时，谈判中的进一步妥协就无从谈起，而这场谈判也只能以失败告终。

在实际商务活动中，这种由于谈判一方突破另一方的谈判底线而使对方没有妥协余地，最终导致谈判破裂的事情几乎每天都在发生，其中以大卖场与供应商之间的关系最为明显。

2010 年年底，方便面巨头康师傅与来自法国的家乐福连锁大卖场之间掀起了一场“断货”风波，事件愈演愈烈，吸引了全社会的普遍关注。

事件起源于 2010 年 11 月 1 日，康师傅因主要原材料价格上涨，宣布对旗下的部分方便面产品提价。“经典袋装系列”产品的零售价每袋提高 0.2 元。康师傅将涨价通知发送给家乐福方面后，遭到了对方的反对。

双方就此问题展开了谈判。家乐福方面提出的原因是“稳定物价”。可是康师傅方面对于涨价也是情非得已，由于生产方便面所需要的面粉、棕榈油、调味料等原材料的价格不断上涨，给康师傅带来巨大的成本压力，即使涨价 0.2 元，也只是接近成本线。如果家乐福拒不涨价，那么康师傅就成了亏本销售。康师傅经受不起这样的损失，只能选择对家乐福断货。

谈判陷入僵局，家乐福方面又改口说同意接受康师傅的涨价方案，但是需要从上涨的 0.2 元中抽取 0.1 元作为自己的收入。这种要求实际上仍然损害了康师傅的利益，康师傅方面自然予以回绝。康师傅方面的谈判代表指出:“我们的产品进入家乐福出售,已经交付了进场费、管理费、陈列费、海报费、促销费、卫生费等各种费用,而家乐福收取的总体费用过高,这是业内都知道的事实,现在还要抽取返点,我们无力承受,只能选择拒绝。”

对此,家乐福方面的谈判代表觉得十分委屈:“我们零售业本身毛利就不高,还要支付昂贵的房租、水电费和人工成本,要是不收取供应商的费用,我们就得倒贴开店,世界上哪有这样的事?再说,你们选择家乐福,不也是看重我们的高知名度和巨大的客流量吗?你们不想在家乐福卖产品,有的是人想卖……”

双方都认为对方只顾及自己的利益,不管对方的死活,在谈判桌上越吵越凶。最终谈判破裂,康师傅对家乐福全部门店停止供货。这样的结果对双方都造成了不少损失,康师傅失去了一个良好的渠道商,家乐福也丢失了一个重要的供应商客户。

此后不久,又有很多与家乐福合作的供应商反馈家乐福有收费不合理问题,并纷纷转投竞争对手沃尔玛的怀抱。眼看事态越来越严重,家乐福方面的态度出现松动,开始对部分区域尝试取消“无条件返点”,但仍然没能改变其在供应商中的形象。此后家乐福业绩不断下滑,想要开辟电商渠道也宣告失败,在中国市场的发展道路变得越来越坎坷……

在竞争激烈的零售行业中,大卖场往往不愿意承担更多的风险,却总是把眼光放在合作者的支持与合作毛利空间上,因此过分地要求供应商提供各种费用和支持。在对方的紧紧相逼之下，大多数供应商为了实现与大卖场的长期合作，也为了扩大市场份额，不得不一再做出让步。但是当供应商感到与大卖场的合作已经突破了自己的利益底线、甚至到了不仅无利可图而且还要面临赔本交易的时候，处于商务谈判过程中弱势地位的供应商在妥协到了极限之后就不再继续妥协了。此时，如果大卖场依仗其强势地位仍不肯做出一定程度的妥协，那么谈判就只能面临破裂。上述康师傅与家乐福的谈判案例就是这样的情况。

一般而言，在商务谈判的过程中，处于强势地位的一方通常会在谈判桌上表现出如下态度或行为：对另一方的要求没有表情，态度冷淡，不愿意做出决定；怀疑对方的产品质量水平、政策完善程度或配套设施不全等；不断向对方强调“你们做得还不够，你们的支持太少了”；开出很多、很高甚至离谱的条件；形成一个谈判团队，互相配合，使谈判对手每前进一小步都很困难，他们则不轻易妥协，也很少对利益需求适可而止。

处于强势地位的一方就这样把谈判的强势通过各种方式发挥得淋漓尽致。在他们不断“乘胜追击”的同时，处于弱势地位的另一方则只能在谈判过程中被牵着鼻子走，常常处于且谈且退的尴尬境地，最后或者无奈地一再让步，或者在达到妥协的极限之后退出谈判。

那么在强弱势十分明显的商务谈判过程中，作为弱势的一方，应该如何为自己争取合理利益，并与对方在合作共赢的基础上达成协议呢？据谈判专家介绍，谈判中的弱势一方可以采取如下方式实现上述目的：

首先，设定谈判底线。在决定和对方合作之后，一方面要认真地研究对方的政策、费用要求、促销支持等，另一方面要在内部形成一致，整合内部资源，设定可以接受的谈判底线。这项工作很重要，唯有设定明确合理的谈判底线，并时刻记住这一底线，己方的最低利益才能在谈判过程中不被对方提出的种种尖锐攻击和不合理条件所突破。

其次，坚持原则与目标。无论在什么情况下都不要失去根本原则和目标。以公司的战略与原则为准绳，以谈判前设定的底线为依据。但是，坚持并不是顽固保守，而是要在坚持基本原则和争取实现既定目标的前提下寻求到能够与对方获得双赢的办法。这种办法的基础常常是在交流中达成共识，在妥协中平衡差距。当和谈判对手最大限度地达成共识、减少差距之后，谈判的成功就会很快得到实现。

最后，用最精确的事实和数据说话。面对地位越强大的谈判对手就越要搜集更精确、更完备的行业数据、市场数据、竞争者数据，并且对行业、市场、竞争者进行详细的分析。己方掌握的数据越精确、信息越充分，在谈判过程中就越有实现自身最大利益的保证，否则可能会没有原则地不断妥协。

在商务谈判中，任何一方都有一定的利益底线，如果双方都能在不突破对方利益底线的前提下互相要求让步，并且在保障自身合理利益能够得到实现的基础上向对方做出适度的让步，那么谈判就会达到双方合作双赢的目的；反之，谈判只能走向破裂。

要防止落入弱势陷阱

在商务谈判中，处于弱势地位的一方往往会不由自主地处于一再退让的被动地位，最终只能导致弱势地位者越来越弱、越妥协越得不到其他利益互补。

强弱本来就是相对而言的，相对于市场份额庞大、销售能力极强的家乐福超市和其他类似的大卖场来说，那些只有依靠它们才能打开市场的供应商确实处于弱势地位。当代表不同利益的双方在强弱分明的情形下坐在谈判桌上进行谈判时，在现实中处于弱势地位的一方往往会不由自主地处于一再退让的被动地位。这种被动局面一旦形成，那最终只能呈现弱势地位者越来越弱、越妥协越得不到其他利益互补，而强势地位者则越来越强、得到的利益越多越在其他方面紧紧相逼的两极分化现象。但是，当处于弱势地位的一方感到自己最基本的需求都得不到满足时，他们往往会结束这样的谈判。

一位工程承包商为一家大型建筑公司完成了一个建筑项目。按照合同规定，在工程完工、通过专家评估之后，承包商可以得到500万元人民币的工程款。在专家的评审通过后，承包商拿着发票去换取属于他的500万元人民币时，却得知建筑商还没有把钱打到账上。于是承包商开始向建筑商催款，但得到的消息一直是“等过一段时间再说”。这时候，承包商手下的工人都来向他要工资，而且他还必须支付其他支出，承包商十分着急。正在这时，建筑公司打来电话要求和他进行谈判。

原来建筑公司只想付给承包商350万元人民币的工程款，他们提出的交换条件是保证以后提供给承包商更多的工程项目。他们提出的条件十分诱人，因为如果没有更多的工程，承包商就无法获得利润，但同时，建筑商承诺的工程款太少，恐怕只够支付工人的工资和一部分税费。如果同意这个条件，那么承包商这次就只能赔本。

承包商当然不能做赔本的生意。虽然建筑公司保证以后会提供给自己更多的工程项目，但是如果建筑商在以后的工程项目合作过程中仍旧压低工程款，那对于他来说只能是干得越多、赔得越惨。承包商希望建筑商能够适当提高价格，至少应该保证他不会赔本。但是建筑公司的态度十分强硬，他们除了同意马上给承包商结清事先承诺的350万元人民币的工程款之外，没有做出任何妥协。相反，他们还郑重警告承包商，如果继续催要另外的150万元人民币的工程款，建筑公司在以后的工程项目中将不再考虑承包商。

承包商非常生气，因为他已经按照合同规定保质保量地完成了工程项目，而且在此之前他已经支付了工人的大笔工资，建筑公司已经拿着他完成的工程项目获得了大笔利润，但是他仍然天天为工程款四处奔波。这显然不是一次公平的交易。承包商找到管理部门，要求建筑公司履行合同。在管理部门和建筑公司进行协商的过程中，承包商告诉建筑公司，如果建筑公司在10天之内仍然不付给他工程全款，他将向有关新闻媒体揭露建筑公司的行为。这一次，建筑公司很快做出回应，他们对发生的一切表示歉意，并承诺立刻解决问题，于是又一轮谈判开始了。

最后的谈判结果是，建筑公司支付给承包商430万元人民币的工程款，然后又和承包商签了一份项目合作合同。事情被圆满解决，双方又开始了新一轮合作。

商务谈判本来就应该是合作双赢的，任何一种以强欺弱或者只顾自己利益的做法都不可能实现谈判的成功，只有立足于双方的长期合作以及双方需求的共同满足才能达成协议，否则就只能出现谈判破裂的局面，甚至还会因此出现使双方长期利益都受到损失的双输结果。案例中的建筑公司就试图依靠自己的强势地位来制造“弱势陷阱”，逼迫对方答应己方不合理的要求。好在承包商没有落入陷阱，而是求助于管理部门和新闻媒体，才为自己争得了公平和公正的谈判结果。这提醒我们，在遇到谈判对方仗势欺人的情况时，千万不能表现得过于软弱，也不能无条件地向对方妥协，要学会运用法律法规和舆论的力量来保障自己的合理利益。

心理的弱势和强势

商务谈判高手要善于营造有利于己方的谈判氛围，使己方变得强势，同时针对对方的薄弱之处发起进攻，使对方陷入弱势。

可以说谈判就是一种妥协的艺术。谈判双方都想得到自身利益最大化的实现，但那是不可能的，如果谈判双方都只想着更多地实现自身利益，那么谈判就不可能顺利进行，甚至也就没有了进行谈判的必要。只有谈判双方共同秉承平等互利的原则，并且能够在满足双方合理需求的基础上彼此让步，才有可能实现最合理的利益分配，谈判才有可能实现成功。

虽然任何一个商务谈判人士都懂得在谈判过程中相互妥协的道理，但是在实际谈判过程中，不到万不得已之时人们都不会轻易做出让步。因为轻易地表示妥协往往会使自己处于被动地位，一旦被动地位形成，人们就会产生一种弱势心理，弱势心理的产生对于谈判者来说是极为不利的，人们通常会在弱势心理的作用下不自觉地逐步妥协，这样只能造成己方在谈判中的失利。因此，商务谈判的双方总是想方设法采取各种手段让对方产生弱势心理，然后在此基础上步步紧逼，最终达成对己方有利的协议。

2016 年 7 月，我国某电子仪器厂打算引进一条电子产品生产流水线。该厂经过考察后，将谈判重点放在日本某公司生产的产品上。但日方自恃技术力量雄厚，要价过于高昂，中方当然不能接受这个报价。于是双方打算针对产品的价格进行友好协商。

各自经过精心的准备之后，双方都派出各自内部的谈判能手组成谈判小组，展开了激烈的交锋。日方代表在谈判一开始时就高报底盘，高出中方考察人员所掌握的外汇底盘 210 万美元，这个价格远远超出中方的目标范围。在进行了几轮艰苦的谈判之后，日方仍然声称他们的生产线是世界之冠、独一无二，宁可不成交也不降价，而中方则表示根本不可能以这么高的价位引进该生产线。在双方互不相让的情形下，这场“友好协商”的谈判陷入僵局。而在这场僵局中，中方的处境似乎更加被动，因为从目前的形势来看，日方是处于强势地位的，而且也看得出他们一直在强调自己的强势地位，极力向中方代表实施压制，企图逐步强化中方的弱势地位。

为摆脱这种弱势地位，中方试图通过各种途径摆脱日方的压制。与此同时，中方派往日本考察的技术人员报告了一条重要信息，日方的生产线受到韩国几家同类工厂产品的冲击，韩国生产线目前正在与之争夺市场，日方对此深感头痛。得知这一重要信息后，中方代表当即决定中止谈判，请求日方等待我方的答复。

对于中方谈判代表的表现，日方认为中方已经无力支持与他们的进一步谈判了，于是很快同意了这一要求，而且他们深信，过不了多久，中方就会做出让步。就在日方代表沉浸在谈判胜利的希望中时，中方迅速派专家赴韩国考察，考察的结果是韩国产品不如日本，价格也不低。尽管如此，中方还是向韩国方面发出了邀请。很快，韩国方面就做出了十分积极的回应，他们马上派出代表到中国进行考察和访问，韩国代表团受到中方代表的热烈欢迎。

原本高枕无忧的日方代表再也不能像过去一样坐等胜利的来临了。因为他们知道，一旦中韩合作成功，那将对日本打开中国市场的美好前景产生严重影响。在中方代表久无回音的情况下，日方主动要求恢复谈判，而中方却以“暂时不需要日方产品”为由予以拖延。日方当然不愿意就这么拖下去，他们焦急地派中间商对中方进行游说，表示愿意让利销售，中方这才“勉为其难”地同意恢复谈判。重新回到谈判桌上的日方代表一改过去那副盛气凌人的姿态，他们千方百计地向中方表达自己的合作诚意，表示愿意与中方实现长久的合作伙伴关系，并愿意在这次合作项目上给予最大优惠。

中方代表知道这场谈判的强弱地位已经发生改变，为进一步加强日方的弱势心理，中方首席谈判代表不卑不亢地向对方发表了如下观点：“我们为贵方的表现感到高兴，我们已经注意到贵公司在生产线价格上的调整。平等互利是国际经济交往中的基本原则，任何一方都不应当运用优势向对方索要高价。”日本代表连连称是，接着中方代表话锋一转，直指谈判要害：“平等竞争与选择是商业贸易的惯例，我们愿意倾听贵方的再一次报价。”聪明的日方代表当然听出了其中的暗示——中方已同韩国方面谈过价格问题。日方代表明白这一意图之后，在再次报盘时提出了一个比较合理的价格。最后，中方以满意的价格与日方达成了谈判协议，日方也因此在中国开辟了市场，获得了长期利益。

在这次谈判中，日方最初自恃强势心理，对于中方的合理要求置之不理，致使谈判陷入僵局。中方险些陷入“弱势陷阱”，但他们想到了“制造竞争对手”的好办法，使得自己从心理弱势地位向强势地位转变；与此同时，日方以为中方会有其他选择，顿时慌了手脚，原本的强势心理也荡然无存。这样一来，谈判桌上的主动权就从日方手中回到了中方手中，不公平的谈判态势得到改变，谈判也得以顺利进行下去。

中方的这种变弱势为强势的谈判战术是值得我们学习的。在谈判中，像中方代表这样的商务谈判高手不但会营造有利于己方的谈判氛围，步步为营，使对方无法对己方设置弱势陷阱；还会针对对方的薄弱之处发起进攻，步步紧逼，使对方陷入谈判的弱势陷阱，最终达成一个最大程度实现己方利益的协议。

当然，这种进攻也要注意把握分寸，否则进攻的强度超过了对方的承受能力，即突破了对方的利益底线，那么谈判只能归于失败。因此，真正的商务谈判高手不仅会做到实现己方的长期利益，还会使谈判双方共同步入合作共赢的道路，这才算是掌握了谈判的真谛。

拖延时间也是一种好方法

在谈判中，故意拖延时间是一种争取时间的好方法，不仅能缓和双方的气氛，也能为自己赢得准备的时间。谈判是需要时间的，而且谈判的参与者是人，人的精力和水平的发挥都与时间有内在的联系，所以在谈判过程中要学会把握和利用时机。不仅如此，一个高明的谈判者还要学会通过巧妙、适度的拖延主动争取时间，创造时机。

以下这些策略可以教你如何更好地通过拖延时间制造有利时机：

利用打岔争取时间。在谈判中，你可以利用打电话、上厕所甚至处理突发事件等理由，为自己争取宝贵的时间。

在一次谈判中，乙方先发制人，出人意料地提出了一个报价，亮出了底牌。整个谈判只等甲方表明态度，就可拍板成交。但甲方代表一时间无法断定接受此条件是否有利，因而陷入窘境。

甲方代表迅速开动脑筋，想到了一个好主意。他抬手看看手表，不慌不忙地站起来，微笑地向乙方致歉道："实在对不起，我现在有个约好的电话，要出去打一下，两三分钟就好。失陪了！"然后他走到外面，拿起电话拨了几个号码，然后掏出笔飞快地计算起来。为防止乙方怀疑，他还不时地发出"嗯、啊"的声音，好像真的在打电话……

几分钟后，甲方代表胸有成竹地回到谈判桌旁，这时候他已经计算清楚，知道自己接受乙方的条件不会吃亏。不过，他还是做出非常委屈的样子，对乙方说："为了今后的合作，我们以友谊为重，决定接受你们的条件！"于是，谈判就这样达成了。

让对方再次复述问题。以没听清为理由，或者故意曲解对方的立场、条件，当对方不厌其烦地复述你已知的立场、条件时，你就可以在无形中赢得宝贵的谈判时间。

让善于短话长说者发言。事先可在谈判小组里安插一位善于短话长说的唠叨者。当你需要时间思考时，就可发挥善于短话长说者的"威力"。当他唠叨个没完时，你也就赢得了宝贵的谈判时间。

抛出一些不太重要的文件。关键时不妨抛出一些文件，其中可以有一两份有用的文件，其余都是无关紧要的文件，这样也够对方忙一阵子。而对你来说，这段时间就可以做你想做的事情了。

需要提醒的是，在使用这种拖延策略的时候，你需要辨清形势，才能避免弄巧成拙。为此，你需要确认对方的谈判意向，如果对方有比较强烈的达成交易的愿望，你适当拖延就能加强对方的紧迫感，可能会促使对方答应你提出的更多要求。但如果对方的谈判意向并不强烈，进行拖延就只会让对方感觉厌烦，对方可能会提前终止谈判，那就得不偿失了。

另外，使用拖延策略应当遵循“适可而止”的原则。因为拖延会消磨对方的意志，打击对方的信心，会让对方感觉非常痛苦。如果不断拖延，超过了对方的忍耐极限，就可能引起对方的强烈反感，他们可能给予我们这样的回复：“价格就是这样了，你们爱买不买。”在这种情况下，你在谈判中就会变得十分被动。所以在拖延时一定要考虑到对方的承受力，不要过分拖延。

在适当的时候说“不”

在谈判的过程中，我们不应该一味地妥协，有些时候必须说“不”！如果能把“不”字运用得恰到好处，你的谈判战略是有可能成功的。

当谈判由于某些原因陷入僵局时，我们应当想办法找到症结所在，从而积极地打破僵局，但切记不能为了尽快破解僵局而失去原则，放弃己方应得的利益。所以即使处于僵局之中，我们也应当学会对对方不合理的要求说“不”。

有不少谈判者担心对对方说“不”会引起对方的不满情绪，甚至可能会引发冲突，导致谈判破裂，这种担心其实是没有必要的。只要我们巧妙地运用一些技巧，就能够在拒绝对方的同时也不会让对方生气。

以下这些技巧就是你在说“不”的时候可以借鉴的：

以提问的形式加以拒绝。如果你实在难以接受对方给出的条件，不妨尝试一下用提问的办法去拒绝。当对方被你的问题难住而一时语塞的时候，也就明白你是在间接地表达拒绝之意。

在一次中美双方关于某种工业加工机械的贸易谈判中，中方代表面对美方代表高得出奇的报价，巧妙地采用了提问题的方法予以拒绝。中方主谈一共提出了四个问题：不知贵国生产此类产品的公司一共有几家？不知贵公司的产品价格高于贵国某品牌的依据是什么？不知世界上生产此类产品的公司一共有几家？不知贵公司的产品价格高于某品牌（世界名牌）的依据又是什么？这些问题使美方代表非常吃惊，他们不便回答也无法回答这些问题，因为他们知道自己的报价确实太高。所以，他们设法自找台阶，把价格降了下来。

幽默婉拒法。有的时候直接说“不行”“不可能”这样拒绝的话语会让对方有种下不来台的感觉，也有可能激怒对方。所以你可以试试用幽默的话语来缓解气氛，这样，对方在会心一笑的同时，也能听懂你的言外之意，这样的做法要比直接拒绝更容易让对方接受。

提出对方不可能达到的条件。过于直接地说“不”可能会恶化双方的关系，甚至会导致对方的攻击。所以，不妨在对对方说“不”之前，先要求对方满足你的一个条件：如果对方能满足（事实上是无法满足的），那么你就可以进行妥协，满足对方的需求；如果对方不能满足，那么你就可以顺理成章地说自己无法满足对方的要求。这种说“不”的方式可以巧妙地拒绝做出自己无法兑现的承诺，而且也不会失信于人，不会导致彼此的关系恶化。

需要提醒的是，无论你采用哪一种方式对对方说“不”，都应当注意留有回旋的余地。要记住，在谈判中说“不”并非宣布谈判破裂、彻底失败，说“不”只是否定对方的进一步要求，对以前的报价或已承诺的让步还是要持肯定态度的。也就是说，对于谈判中说“不”通常不能一概而论。所以，你在拒绝对方的同时还可以适当给予对方一定的补偿。这里所说的补偿一般不是马上就能兑现的金钱、商品等现实利益，而大多是对今后可能出现的某些情况的许诺。

比如，你在出售产品时，拒绝了对方的压价条件，与此同时，你就可以对对方许诺“假如产品在运送途中出现损坏，我方会负责更换完好的产品”，这样的补偿措施会让对方感觉交易更加稳妥、放心，对方也就不会过度纠结于价格问题。

建立抵制压力的屏障

压力是一种无形的武器，常常能在无声无息之间攻破对手的堡垒。任何谈判都是对双方意志的考验，因此，要想在谈判中占据优势，就要建立起抵制压力的屏障。

在谈判中，我们不可避免地要承受各种压力，这促使着我们调整、平衡双方的利益，推动谈判走向成功。而在双方出现意见分歧，谈判进入僵持阶段的时候，这种压力更是会空前提升。如果对方非常善于谈判，他可能会有意识地制造压力，从而达到争取时间、创造优势的目的。如果遇到这种情况，我们就要学会承受和化解压力，并建立起抵制压力的屏障，这样才不会在谈判中陷入被动地位。

以下这些方法可以帮助你在谈判中抵制对方的压力。

坚守自己的立场

对抗压力最有效的方法是守住自己在谈判中的立场，无论如何都不动摇，不妥协。对手往往会采取某些抵御措施，打乱你所设计的谈判议程。面对由此产生的压力，退却并不能解决问题，你只能勇敢地去面对。

一位年轻的推销员走进了某公司经理于先生的办公室，试图向于先生推销自己的产品——一种新型空调。于先生一边翻阅资料，一边认真地听推销员的介绍，表情一直非常平静。当听到空调价格的时候，于先生皱起了眉头，有些不高兴地说："这个价格也太离谱了吧！"推销员显然是个新手，对这种情况根本没有做好心理准备，他结结巴巴地说："其实……这个价格还是可以商量的……"于先生做出不耐烦的样子，挥了挥手："降价幅度太低就不用说了，人家的报价至少比你们低20%。"

听到于先生的话，推销员更紧张了，他犹豫着说："我们可以降价5%。"于先生冷冷一笑："算了吧，一点诚意都没有。"推销员着急地说："那再降5%，这是我权限范围内的最低价格了，如果您还是需要降价，我就只能向老板请示了。"于先生的表情缓和了一些，但还是摇了摇头，坚定地说："降价15%，我还可以考虑考虑。"

谈判进入了死胡同，推销员只能垂头丧气地离开了。回到公司推销员向上司请示后，以低于售价15%的价格与于先生签订了合同。但因为降价幅度太大，公司从这桩生意中获得的利润微乎其微。

案例中的推销员之所以会在谈判中节节失利，就是因为他没有守住自己的立场。当谈判对方狮子大开口地提出降价15%的要求时，推销员在压力面前没有想到抵御的办法，而是委曲求全，一再让步。但对方却毫不"领情"，不肯改变自己的要求来进行

“妥协”，这必然会使谈判的走向变得越来越不公平。

假设你是这位推销员，并且已经知道对方要对你的报价提出强烈的反对意见，你该如何应对呢？其实你可以尝试一种全新的方法：自己先把这个问题挑明。

你可以用反问来分析对方反对的原因。在谈判过程中，谈判对手是不会把真正的反对意见和盘托出的，他往往会在谈判过程中施加压力逼迫你改变条件。面对这种情况，你可以利用若干反问来应对，如“那您觉得什么价钱合适？”“您为什么要这样说？”又或者“您心中的念头究竟是什么？”在问完问题后，你可以根据对方的回答和对方的表情、语气等来调查和分析对方真正的异议所在，并相应地修改己方的提议，同时，这也会给你留出思考的时间，有时甚至能够帮你把压力反过来施加给对方。

向对方提出询问，然后可以说：“噢，我知道这可能引起了您的关注，但您是否认为……”重要的是要澄清问题并尽量避免争执，你可以请求对方将其观点说得更完整、更透彻一些，这样可以缓和紧张气氛、澄清误会，并且可以帮助你获得思考的时间。如果有必要，你还可以请中间人来干预一下，利用他在这一问题上的经验为你们双方提出一些忠告，这有助于谈判的顺利进行。但应当选用可以帮助你提高讨价还价地位的人，如请你的老板、这一方面的专家或者有专业资格的仲裁人员出面，这些都会让你在坚守自己的立场时变得更有“底气”。

此外，你还可以通过以下方法建立抵制压力的屏障。

通过发脾气向对方表明立场

一般而言，你在谈判中应尽量控制自己，要保持沉着冷静，以做出理智的决定。但是，有时适当地假装发点小脾气，也能给对手施加不少压力。

但要记住，这时的你只是佯装发怒，实际上并没有冲动。你的目的只是向对方传达这样的信息：他的做法让人无法忍受。但你不能把怒气都发泄到对方的身上，那样可能会使整个局面失控。

发脾气时，为了不让场面太僵，一个更好的方法是黑白脸默契配合。也就是说，如果有人一拍桌子，说："不谈了！"然后推门出去，那么他一定得先想好由谁来善后。如果善后的人都还没有找好就推门出去，场面该如何收拾？所以，使用这种方法一定要注意黑脸配白脸。

黑白相配的方法，最好是"下黑上白"，也就是说地位低的人唱"黑脸"，地位高的人唱"白脸"来收场。

比如，我们在准备让步之前，可以跟对方这么说："如果你们能先表示一些诚意，我可以建议我们公司接受你们的条件。"这个"诚意"，可能只是一个面子问题，真正的目的是为我们的让步找一个台阶。

可是如果对方没反应呢？这时就可以让"黑脸"登场了。扮黑脸的队友可以对己方的其他谈判人员说："如果你要接受的话，你自己去跟上司说，我可不背黑锅。""白脸"马上做出反应："好了好了，合着我里外不是人啊？提的建议你们没反应，我的同事又不谅解我，那算我没说总可以了吧？”说罢，推门离开。看起来像内讧，但其实只是套招。因为如果不用这样的戏剧性方法收尾，刚才摆在桌上的让步条件可能就收不回来了。

找能解决问题的掌权者

处在上层的人总览全局，能够了解大的方面，能看到处理不当会造成什么后果。更重要的是，他们有权承担一定的风险。所以，如果你在谈判中遇到悬而未决的问题，应当找这种有话语权的人谈判，而不是浪费时间和那些没有相应权利的人争执。

李明去上海旅游，在一家旅馆预订好了一个房间。到上海时已经是深夜，他累极了，只想赶快钻进被窝里好好休息。

可当他来到这家旅馆时，前台服务员说：“是的，您的预订是有记录的，但我们已经没有空房间了。非常抱歉，我们意外地弄错了预订数量。”

可是李明现在确实需要一个房间，即使在大厅临时搭张床，他也愿意住，他实在太累了。于是他说：“噢，来个套间怎么样？如果都满了，把经理那套给我吧，我知道你们还有会客室和会议室。实在不行的话，你们可以给我在大厅搭张床。”

服务员有些不满了：“这可不行，我们不能这么做。要不，我给你联系一家别的旅馆吧？”

“我已经很累了，不想再走了，就希望在这儿睡。请允许我跟你们总经理谈谈。”疲惫的李明不得不尽量提高嗓音。

服务员无可奈何地拿起电话，向经理询问。几分钟后，夜班经理出现了。李明把关于套间、会议室、会客厅的选择重复了一遍。

夜班经理查了查房间表，皱起眉头说道：“我们碰巧还有一个套间，不过正在翻修，而且收费比单间贵一倍。”

李明用平静而坚定的口吻说：“你们一分也不该多收，我预订过，但由于你们的工作失误，才造成了这样的结果，所以损失部分不应该让我承担。”

夜班经理叹了口气道：“那你到底要不要套间？”

李明答道：“我要，价钱明天再讨论吧。”

第二天，当他准备结账离开时，发现账单上的数字明显比原先的价钱高了一倍。李明要求见总经理，他把整件事的原委告诉了总经理，说自己对旅馆不能履行自己的预订感到很失望。总经理了解情况后向他道歉，承认这确实是旅馆方面的工作失误。接着，李明提起过高收费的事，总经理再次道歉，并承诺一定会让工作人员退回多收的钱。

李明和那名前台服务员都运用了提高权力等级的办法来为自己制造抵制压力的屏障。服务员让经理来镇住顾客，而李明也抬出总经理来杀价，以免多付冤枉钱。事实证明，这种方法只要使用得当，在谈判中就能产生不错的效果。

在运用权力升级施压法时，有以下两点要记住：

1. 大多数情况下，执行命令的下级人员只是机械地按照规定工作，常常不会变通。所以你应该去找他们的上级，以便否决那些损害你利益的做法。制定规定的人也是能取消规定的人，你只有找到他们才能打破那些僵化的规定。

2. 不管找哪一级人员，尽量别跟无权的人谈判。如果你已经找到了上级，却发现这个人仍然无权做最后的决定，那么就不要浪费宝贵的时间，赶紧去找更高权力层级的人吧。

对对方的威胁做出反应

当对方想用威胁的方法对你施加压力，你该如何做出反应呢？可以借鉴以下几点：

1. 把反威胁的信息传递给威胁者，并让他相信这种信息；

2. 故意轻视对方的威胁；

3. 干涉传达过程，从而减弱对方威胁的结果；

4. 坚持谈判原则；

5. 将对方的威胁看作操之过急的发言，或未经授权的个人意见，或与解决问题无关的说辞；

6. 让对方知道威胁会使他自己遭受不利。

当然，一流的谈判高手不会随便威胁对方。反倒是那些对谈判的艺术一知半解的人喜欢用这种强硬的手段给对方施加压力。所以你完全不必害怕，而是要适当地传达你的不满给对方，让对方知道，义正词严的警告比色厉内荏的威胁更有力量。比如，你可以警告对方："你知道这样做会招致什么后果吗？"而通常用这种方式不会招致对方的反威胁。

在谈判中你还可以这样警告自己的对手："如果我们现在无法达成协议，新闻媒体可能会把内幕以丑闻的形式全盘公开，届时我们都会因为这个问题备受大众瞩目。到那时，我也没有良策来掩饰事实，你有妙计吗？"像这样警告对方，会让对方考虑到严重的后果，对方往往会停止不合理的威胁。

"受托"策略的妙用

"受托"策略是指谈判者只要声称所做的一切都是奉命而为，背后还有个未露面的主事人为其规定了谈判中务必坚持的条款，以此来暗示这些条款是不能轻易变更的，让对方停止对你继续施加压力。

比如，你可以这样说：

"我们经理交代过，售价绝不可少于 700 元。"

对方当然也可能以其人之道还治其人之身，说：

"我们老总说，价钱要是高于 600 元就不要了。"

买卖双方可能就这样以虚构的老总为幌子把谈判继续进行下去。一般来说，当对方问价而你不知该如何回答或缺乏足够自信，态度不敢过于强硬时，不妨用这个办法应对。

本章精彩观点

- 施压是一种促进谈判成功的方式，抗压则有助于在谈判中占据优势。
- 在谈判过程中做出的任何妥协程度都不应超过一定的利益底线。

第五章

谈判的保障

——做最充分的信息准备

在商务谈判过程中，对于相关谈判信息的掌握是制定谈判战略的依据，是控制谈判过程的重要手段，也是和谈判对手进行积极沟通的关键因素，同时还是谈判者要求对方妥协以及向对方表示妥协的保障。

在进行商务谈判之前和进行过程中，谈判双方都有必要进行最充分的信息准备，然后根据充分、准确的信息做出最符合对方需求的妥协、并且使对方做出相应的让步以满足自身的利益需求。

由于文化差异造成不同谈判风格的差异

当人们与不同文化背景的人进行谈判时，要想弄清对方的谈判风格，首先要从文化背景入手，然后根据各种有效信息，预测谈判对手在商务谈判过程中将要采取的谈判手段以及对己方条件的反应。

文化背景是商务谈判人士，尤其是国际商务谈判人士在谈判前必须了解的重要信息，在不同文化背景的谈判中，由于信息不足造成的误解、互不信任的风险要比相同文化背景下的谈判更高。谈判人员必须学会理解和处理文化差异。在开展不同文化背景的商务谈判之前，谈判者应该了解谈判对手的文化背景，因为不同的文化背景往往会造就不同的谈判风格。如果不了解不同文化背景的差异，不仅在谈判过程中无法针对不同对手的谈判风格实施适当的应对策略，而且往往会在谈判开始时就因双方礼仪、态度的差异导致谈判过早地陷入僵局。

2017 年，广东一家照明有限公司 A 公司准备与一家美国公司就一项合作事宜进行谈判。A 公司对本次合作非常重视，特别安排了副总经理、外贸部经理、业务主管等多名工作人员亲自迎接美方代表，并打算在正式谈判前先安排美方代表参观工厂。

由于美方代表乘坐的飞机晚点，他们到达A公司的时候已经是下午一点了。副总经理出于客气，礼貌地问道："请问你们还需要吃午餐吗？"几位美方代表其实已经饥肠辘辘，就回答了一句"随便吧"，意思是"随便给我们准备些食物就好"，可是这个回答在副总经理听来，就显得有些不礼貌了。副总经理心里有些不高兴，就没有给美方代表安排午餐，直接带他们去参观工厂。

美方代表饿着肚子参观完全部厂房，每个人心里都不太舒畅。恰好这时一位美方代表看到厂房里贴的"欢迎美国朋友"的英文条幅有拼写错误，于是他毫不客气地大声说道："这都能拼错，你们办事也太不严谨了吧。"话一出口，A公司的几位工作人员都变了脸色，虽然没有反驳对方，但都觉得对方不会说话、吹毛求疵。

就这样，双方之间的气氛变得尴尬起来，这种尴尬的气氛也被带到了谈判桌上。中方觉得美方说话直来直去，不懂讲话的艺术；美方觉得中方说话拐弯抹角，让人难以捉摸。双方开始还能保持谈判的风度，可是随着谈判的进行，代表们渐渐失去了耐性，话语中也多了不少火药味。

A公司的副总经理生气地说道："我们满怀诚意迎接你们，可你们却一点都没有合作的态度，这样的谈判没办法进行下去。"

听到这句话后，美方代表也拍案而起："贵方一直不给出最终价格，说了这么多废话，浪费我们的时间，我们决定去找其他厂家合作！"

就这样，双方不欢而散，谈判也险些告吹。幸好A公司的总经理及时调整谈判策略，另外派了几名专业谈判人员重新与美方代表接触，才让美方代表消了气，双方也握手言和，最终以彼此满意的价格签订了订货合同。

不了解谈判对手的文化背景常常会使双方的谈判陷入不必要的麻烦之中。在上述案例中，由于中方、美方谈判代表的文化背景不同，造成了双方的一些误解。美方代表说话喜欢直来直去，而在习惯了委婉表达方式的中方代表看来，这是不礼貌的表现；同样，中方代表的谈判风格也让美方代表感觉难以适从，这也是谈判陷入僵局的原因之一。

无独有偶，在一次美国公司和日本公司的谈判中，也是因为文化差异造成了一些误会。当时，这家美国公司派出了自认为最高效、精干的谈判小组到日本进行谈判，这个小组中的成员大多是 30 岁左右的年轻人，其中还有一位细心能干的女性。哪知等到达日本后，他们却遭到冷遇，不仅总公司经理不肯出面接待，就连分部的负责人也不肯出面组织谈判。一开始美国公司不知道对方态度突然转变的原因，以为日本人在要什么手段，后来才知道，在日本人看来，年轻人尤其是女性，并不适宜主持如此重要的会谈。结果，美方不得不重新组织一个谈判团队与日方进行沟通和洽谈。

从这些案例中我们可以发现，想要确保谈判顺利进行，为妥协找到可靠的保障，就需要在谈判前多做充足的准备工作，特别是要了解对方的文化背景，这将让我们在谈判中获得一定的主动性。

事实上，不同文化背景下的人的谈判风格是有不同特点的。比如，韩国人喜欢谈判内容条理化，所以谈判开始后，他们往往先与对方商量谈判的主要议题。日本人谈判时，高层官员的作用只是礼仪上的，通常在谈判后参加签署合同。有时，他们也参加早期的非事务性活动，地点选在饭店、高尔夫球场等非正式场所，还有一点十分值得重视的是，日本人很少立即做出让步。另外在与日本人进行谈判时还需要注意一些礼仪上的细节或禁忌，因为日本是一个注重礼仪的国家，有时也许一句不经意的话或者一个不经意的动作就会被日本谈判人员认为是触犯了难以原谅的禁忌。

与日韩两国小心谨慎、彬彬有礼的东方文化背景相比，以西方文化为背景的美国人在谈判风格上也与日韩两国有很大的不同，具体来说，美国人谈判风格上的特点主要有：

自尊、自信、自我表现欲强

美国人在商务谈判中的自信心和自尊感都比较强，自我感觉十分优越，这使得他们在商务谈判过程中更加崇尚公平合理的谈判原则。他们认为双方进行交易都要有利可图，在这一原则下，他们会提出一个“合理”方案，并认为是公平合理的。他们的谈判方式是在双方刚接触时就阐明自己的立场、观点，推出自己的方案，以争取主动。美国人通常都具有很强的自我表现欲，这常常表现为他们对本国产品的品质优越性、技术先进性毫不掩饰的称赞，以及对别人的直率批评或抱怨。

直截了当，热情坦率

美国人是典型的性格外向的民族。他们的喜怒哀乐大多通过他们的言行举止表现出来。在谈判中，他们精力充沛，感情洋溢，不论是在陈述己方观点，还是表明对对方观点的立场态度，都比较直接坦率。

讲原则，重实效

直截了当、热情坦率的个性让美国人在商务谈判中往往会抛开感情、友谊或其他社会关系而直奔经济利益。可以说，美国人比其他国家的人更注重经济目标的实现。正因如此，美国人更注重谈判的原则，他们做生意时更多考虑的是做生意所能带来的实际利益，而不是生意人之间的私人交情。

另外，美国人特别重视、珍惜时间，注重活动的效率。美国人在谈判的信息收集和形成决策方面都比较快速、高效。所以在商务谈判中，美国人常抱怨其他国家的谈判对手拖延，缺乏工作效率，而谈判对手也埋怨美国人缺少耐心。美国人重视实效，还表现在做事井然有序，有一定的计划性，不喜欢不速之客来访，也不喜欢没有时间观念的客人，所以与美国人进行商务谈判时，早到或迟到都会被认为是非常不礼貌的行为。

重合同，法律观念强

美国人进行商务谈判的最终目标是实现预期的经济利益，为了保证自身利益的最终实现，美国人会依赖他们认为最公正、最妥善的解决办法——法律和合同。因此，美国人特别看重合同，会十分认真地讨论合同条款，而且特别重视违约赔偿条款。一旦双方在执行合同条款中出现意外情况，就按双方事先同意的责任条款处理。因此，美国人在商业谈判中对于合同条款的讨论特别详细、具体，也特别关心合同适用的法律，以便在执行合同中能顺利地解决各种问题。

文化差异引起的不同谈判风格会成为谈判双方不能进行友好沟通的障碍。文化背景的差异是谈判者进行国际商务谈判前必须掌握的重要信息之一，了解文化背景的差异有助于谈判者在商务谈判过程中更好地表示己方的妥协，以及更有力地要求对方做出相应的让步。

不同心理态势造成的谈判差异

在进行商务谈判的过程中，人们还应该适当了解谈判对手与己方在心理态势上的不同。

商务谈判的思考过程实际上就是不断沟通、创造价值的过程。

双方都在寻求实现自己最大利益方案的同时，满足对方的利益需要。人们开展商务谈判活动的目标并不是一味固守立场，追求寸步不让，而是要与对方充分交流，从双方的利益出发，创造各种解决方案，用相对较小的让步来换得最大的利益，而对方也是遵循相同的原则来取得交换条件。在满足双方最大利益的基础上，如果还存在达成协议的障碍，那么不妨站在对方的立场上，替对方着想，以便扫清达成协议的障碍。

很多时候，由于存在不同程度的文化差异，谈判双方之间往往很难及时扫清达成协议前的种种障碍。这样会大大影响谈判的进程，以及双方利益的充分实现。文化差异不仅会造成谈判风格的差异，还会造成谈判者心理态势的差异，因此在进行商务谈判的过程中，人们还应该了解谈判对手与己方在心理态势上的不同。

与谈判风格等外在因素相比，心理态势的差异往往更令人难以琢磨。由心理态势的不同造成的谈判障碍，常常是以人们难以察觉的隐性形式存在的，这样的谈判障碍往往隐蔽在种种堂而皇之的借口之下，不易被人一下子看破。这就更需要商务谈判人士细心揣摩、认真挖掘，小心谨慎地一步一步弄清谈判障碍产生的具体原因，然后根据具体原因采取相应的方式进行及时处理。

2017年，美国一家知名公司的总经理柯尔比带领公司的谈判代表团与韩国S公司就一项合作业务进行了谈判。谈判已经接近尾声，

但是韩国S公司的态度却突然强硬起来,他们对谈好的协议横加挑剔，而且要求在补充协议上增加许多不利于双方长期合作的苛刻条件。柯尔比对此感到非常困惑，因为他们公司已经和这家公司进行了很长一段时间的协商谈判，通过双方的友好协商，柯尔比以及其他代表团成员都认为对方代表并非那种蛮不讲理的人，而协议对双方肯定都是有利的，在这种情况下，韩国S公司为什么还要阻挠签约呢?

面对这种情况，柯尔比十分理智地建议谈判延期进行，然后派公司的有关人员迅速从各方面搜集信息。经过对种种信息进行综合分析，柯尔比终于发现了问题的关键所在：原来韩国S公司的谈判代表看到柯尔比及其同事们都兴致勃勃地急着签订协议，便认为美国公司在这项协议中一定占据更大的优势。虽然韩国S公司预期的谈判目标已经实现，但他们在心理上感到协议中存在对己方不公平的因素，正是这种不公平的感觉使他们频频阻挠协议的签订。

了解情况之后，柯尔比决定继续进行和对方的谈判。在这次谈判过程中，柯尔比开门见山地指出了对方的心理障碍，然后坦率而诚恳地和对方进行了比价算价。经过一番清晰明确的比价算价之后，韩国S公司了解到双方利润大致相同，美国公司并没有占便宜,这才放下心来。于是美韩两国公司的合同很快就签订了。

有经验的谈判者一定遇到过类似的情况：在谈判过程中明明双方没有什么特别大的分歧，可对方犹豫不定，不肯达成协议，这很有可能就是心理态势在作怪。在具体商务谈判过程中，由于双方心理态势造成的隐性谈判障碍并不鲜见，想要破除这类障碍，需要对症下药。比如，对方担心己方会在交易中吃亏，所以迟迟不肯签约，谈判者就要拿出具体的数据资料，指出对方的担心纯属多余，这样对方才会摆脱不良的心理态势，谈判才能够顺利地进行下去。

谈判者只有弄清楚隐藏在这些谈判障碍背后的对手心理，才能根据谈判对手不同的心理态势采取相应的方式进行解决。而这需要谈判者积极、高效地行动，如果当谈判障碍出现时，谈判者不积极主动地寻找必要的信息，也不根据已知信息进行认真分析，而是一味地消极等待，那很可能导致谈判失败，或者被动地接受谈判对手提出的不合理要求。

对己方信息进行严格保密

“君不密则失臣，臣不密则失身，几事不密则成害。”对己方信息进行严格保密有助于在以后的谈判过程中更加主动地掌握妥协的幅度和力度；反之，如果不重视谈判信息的保密工作，过早地泄露重要信息，那就会受制于对方，使自己被迫做出更大程度的让步。

商务谈判是一场心理战，也是一场信息战。谈判双方都想尽可能多地获得对己方有利的对方信息，从而做到知己知彼，方能百战不殆。在商务谈判中，谁在谈判信息上拥有优势，能够知道对方的真正需要和他们的谈判利益界限，谁就有可能制定更为合适的谈判战略，在谈判中掌握主动权。一个好的谈判战略方案应当是战略目标正确并可行，适应性强，灵敏度高。谈判战略正确与否，很大程度上决定谈判的得失成败。而要使制定的谈判战略比较正确且切合实际，就必须要以大量可靠的谈判信息作为依据，否则，谈判战略就成了无源之水、无本之木。

正因为掌握充分的、准确的信息对于谈判双方来说具有如此重要的意义，所以在谈判过程中，谈判双方都会采取各种手段获取对方信息，而另一方则要设法对己方不宜公开的信息进行保密。

2016年，美国一家公司准备从日本东京的一家企业进口一批电子设备。公司派出了一位年富力强的主管赫伯亲赴东京，并要求他在两周时间内，以比较优厚的价格与该公司签约。

当赫伯一走出羽田机场时，早已等候他的两位日方代表马上热情地迎了过来，并以日本传统的90度鞠躬大礼热烈欢迎他的到来，又急忙帮他领取行李，顺利通过海关后，将他带入了一辆豪华轿车中。在车上，这两位日本代表向他表示："您是我们的贵宾，难得到日本一趟，我们一定会竭尽全力使您的日本之旅舒适愉快。您有什么琐事，尽管交给我们办理。”然后，他们就向赫伯征询他在日本的行程安排，打算在什么时间返回，以便他们事先安排回程的机票和接送车辆。他们的热情让赫伯十分感动，于是他毫不犹豫地把计划好的回程日期告诉了对方。赫伯丝毫没有意识到，就是自己的这一举动，使日本人掌握了非常重要的信息，而精明的日本人立刻开始筹划如何利用这一信息。

在日方代表的周到安排下，赫伯很快在一家舒适的酒店入住了，赫伯决定休息一晚上，然后第二天以最佳的精神状态开始和日方进行谈判。但是日方并没有立即安排与他进行谈判，而是用了一个多星期的时间陪他到日本各地的名胜古迹观光游览，甚至还安排一项用英语讲授日本人信仰的课程，每天晚上还安排长达 4 个小时的日本传统宴会招待他。每当赫伯要求开始谈判，日本人总是说：“不急，不急，我们有的是时间！”赫伯心中有些焦躁，但日方如此盛情款待，让他实在不好意思说出责备的话。

到了第十二天，谈判终于开始了，但日本人又在这一天安排好了高尔夫球友谊赛，导致谈判必须提早结束。在第十三天，日方又为赫伯安排欢送宴会，谈判不得不提前结束。直到第十四天的早上，双方终于谈到核心问题，正值此关键时刻，那辆接赫伯去机场的豪华轿车到了，于是日本人建议在车上继续谈。在日方的精心策划下，赫伯已经没有了与对方周旋的时间，而对方又提出了许多赫伯意想不到的要求。这些要求虽说并不过分，可是赫伯知道自己已经上了日方的当。

这次和日方的合作深受总公司的看重，赫伯本来不想如此轻易地向日方妥协。在赫伯出发之前，总公司的董事长曾经告诉他无论如何都要和日方达成协议。但已经没有谈判时间的赫伯只好在到达机场之前对日方提出的几个不太过分的要求进行了妥协，并匆匆与日方签约，让日方如愿以偿。

这名主管在正式开始谈判前就犯了大忌——无意中暴露了自己的信息。也许你认为，日方知道的不过是主管的回程日期，这与谈判主题无关，即使泄露也无关紧要。可事实真的是这样吗？我们已经看到精明的日方谈判代表是如何利用这条看似微不足道的信息做足“文章”的。他们故意拖延谈判的节奏，绝口不提正事，好不容易谈上几句，又离关键问题很远。就这样一天天拖延下去，终于等到主管回国的日子，他们这才变得积极起来，选择去机场的那一点短暂时间，逼着主管给出决定。这样的谈判手段可以用“狡猾”来形容，但确实能够奏效。而主管虽然明知吃亏，却也无计可施，只能埋怨自己为什么没有严格保密，让自己在谈判中落入如此被动的境地。

这个案例提醒我们：具有足够的信息保密意识，并且不断加强这种保密意识、采取有效的手段做好信息保密工作，这些是谈判者在谈判过程中主动妥协某些次要利益换取主要利益的保证。

当信息泄露之后，谈判者就只能在对方的步步紧逼之下进行被动妥协，而这种被动妥协会使谈判对手的需求得到最大程度的满足，而己方的利益往往会受到一定程度的损害。

所以说，对己方信息进行严格保密是对谈判信息进行有效利用的基础。因此，谈判者必须树立足够的保密意识，而且通常情况下，每个商务谈判代表团内部必须制定十分严格的信息保密制度，让自己的关键信息固若金汤，才能避免出现被谈判对手利用的情况。

搜集最广泛而有效的信息

一般情况下，谈判者掌握的信息越充分、越准确，就越能掌握谈判大局，越容易使谈判对手做出利于己方的妥协。

在严格保密己方信息的同时，谈判者还应通过各种渠道、采取各种方法，尽最大的努力掌握更多的双方谈判资料和有关谈判对手的有用信息。有用信息主要是指相关产品的市场信息、科技信息、金融信息、有关政策法规，以及有关谈判对手的情况和资料。

既然掌握必要的信息对于商务谈判者来说具有如此重要的作用，那么应当通过哪些途径、采取哪些方法来搜集大量有效的信息资料呢？其实，在当今的信息时代，信息资料无处不在，只要善于捕捉，勤于分析，信息资料就可以为自己所掌握。掌握足够可靠信息的谈判者往往能够在谈判桌上直指对方的要害，并且能够根据对方最迫切的需求进行最适当的妥协。

具体来说，搜集信息资料的途径主要有网络、报纸、杂志、书籍、各类文件、广告、广播、订货会、讨论会等。谈判者如果认真地对这些公开的信息资料进行科学分析，往往能够搜集到许多意想不到的重要情报。下面这个案例就是一个通过公共信息获得有效情报的典型案例。

2017 年 5 月，中国一家公司与美国的一家企业进行谈判，希望能够付费使用美国公司的一种激光透射技术。

在谈判之前，中方的谈判人员就已经做了大量的功课。他们通过大量调查取证，对该项技术的转让费用有了一个大概的估计，据此他们准备向美方出价 150 万美元。

在谈判桌上，美方代表对这个价格嗤之以鼻，他们显然也在事前做了充足的准备，拿出了一整套研发资料和成本计算表，并对中方代表说：“请你们仔细看一下，这项技术是我方花费了 6 年时间，靠研发部全体人员的力量才完成的，耗费的成本就算以一年 200 万美元计算，也达到了 1200 万美元之多。现在转让给你们，你们仅需支付少量的费用就能享受该技术带来的便利，这是多么实惠的事情。但你们却只肯出150万美元，你们觉得我方能答应吗？”

中方听完反问道：“那你们觉得我方出价多少才合适？”

美方拿出了一套预算表，理直气壮地说：“至少应当达到我方研发费用的三分之一，也就是400万美元。”

这个价格大大超出中方的预期，中方表示拒绝，可是美方振振有词地辩解，让中方暂时找不到办法反击。无奈之下，中方提议一星期后再谈此事。

在这一个星期里，中方公司与谈判有关的全体人员都积极地行动起来，到处搜集可能对谈判有帮助的信息。有的员工去调查该公司披露在该公司对外发布的报表中近几年的营利信息。在调查中，中方发现该公司近年来经营情况并不理想，利润率较低，恐怕并没有太多的资金可以投入科研中；有的员工去调查近几年与该公司有生意往来的公司的信息，并从那些公司处得到了不少有价值的情报；最让人意想不到的是谈判组的一名成员想到了从该公司发布的产品目录中寻找信息。根据该公司每季赠送给客户的产品目录来看，这位成员认为该公司宣称自己在新技术投入上花费了巨额资金有夸大的嫌疑，因为最近这两年，该公司仅推出了3款新产品，而且在技术上也没有突出的亮点。

一个星期后，在谈判重新开始时，中方代表将新搜集到的这些信息摆在谈判桌上，向美方提出了自己的疑问。美方没有想到这些公开发表的信息竟然出卖了自己，美方的气势顿时减弱了很多。

最终，双方互相进行了妥协，以200万美元的价格达成协议。在谈判结束后，美方代表忍不住用佩服的语气说："你们的准备工作做得真是太细致了，而且想到了我们完全没有想到的地方，太厉害了！"

如何在谈判前搜集有用的信息，案例中的中方代表为我们做出了很好的示范。现代商务竞争的核心，是人的创新能力、科技能力，而情报竞争是现代商务竞争的焦点。正因为这样，情报观念才会成为一个企业必须具备的生存竞争观念，没有这种意识，品牌和企业就会在激烈的市场竞争中处于被动的境地。而对商务谈判者来说，掌握信息情报的多少和优劣直接关系到谈判者在谈判过程中是该主动妥协还是被动妥协，究竟该在哪些方面做出妥协，以及该做出什么样的具体妥协等。但是由于社会、经济上的许多保密观念、保密制度、保密原则和竞争的需要，使得信息资料的搜集极为困难。因此要灵活、巧妙地获得准确的信息资料，很重要的一个诀窍就在于善于捕捉并分析公开的信息资料。

与非公开的资料相比，公开的信息资料都摆在明面上。只要谈判者能够发挥主动性、积极性、能动性，想要获得这种公开的信息并不是难事。一般而言，以下这几种信息是商务谈判前一定要注意搜集的：

与谈判有关的市场资料。商务谈判离不开对市场资料的搜集，如要购买对方的产品，你就必须去搜集同类产品在市场上的价位、市场需求量、供需前景等，这些都能够为你在谈判时增加不少有利的筹码。市场行情瞬息万变，所以你需要保持高度的警惕性，以便提前发现市场变化趋势，不至于因行情变动而导致自己在谈判中做出错误的决策。

与谈判有关的环境信息。商务谈判想要取得成功，就不能违背政治制度、法律法规、商业习惯、社会文化、财政金融等环境信息的限制。比如，与你谈判的是外商，你却不了解对方国家与商贸谈判活动有关的法律法规，那就很有可能陷入一些合同陷阱，届时自身利益就会遭到严重损失。又或者不了解货币汇兑率的浮动情况和变化规律，也很容易在谈判中出现失误，选择不利于己方的承兑、支付方式。

谈判对方的主体资格问题。谈判的主体资格是指对方是否具备谈判的资格和履行谈判义务的能力，这其中又包括谈判的关系主体资格与行为主体资格两个方面。关系主体资格是指对方是否具备以自己的名义参与谈判并承担谈判后果的能力；而行为主体资格则是指对方是否具备直接参与谈判，并通过自己的行为完成谈判任务并承担谈判后果的能力。如果对方不具备主体资格，就会导致谈判丧失意义，甚至已经完成的谈判结果也会变为无效，这无疑会给己方造成巨大的时间、精力的浪费，因此谈判之前务必要调查清楚主体资格方面的信息。

对方公司的基本情况。在进行商务谈判前，事先了解对方公司的一些基本情况也是很有必要的，如你需要十分清楚对方的企业性质、主营业务、注册资金、财务状况、负债率、商誉等。通过了解这些信息,可以弄清楚对方的主张和他们需要追求的目标。并且可以从信息中分析出对方的谈判意向以及他们可能的底线，并由此找出他们可能提出的论据，然后逐一研究，想出应对的策略。这样己方在谈判过程中就可以做到从容不迫、有的放矢，不会轻易被对方打乱阵脚。

对方成员的具体情况。谈判对方既有可能是单个的谈判者，也有可能是多人组成的谈判团队。对于这些谈判人员，在谈判前应当下功夫了解各成员担任的职务、分工、权限、业绩等工作信息，以及对方性别、年龄、家庭情况、兴趣爱好、个人经历、人际关系、谈判风格等个性化信息，以便分析出对方可能采用的战术和技巧，并合理应对。

获取这些信息的方法有很多，如直接进行调研工作，从公共资料中获取信息；也可以从侧面搜集相关资料，如从与对方打过交道的企业探听消息，就是一种很好的办法。

人们搜集信息情报的方式是多种多样的，**商务谈判人士要想在谈判过程中灵活自如地运用妥协策略，并希望让谈判对手做出符合己方利益的妥协，就必须通过各种途径、采取各种方式搜集广泛而有效的谈判信息。**

从语言沟通中获取有用信息

> 倾听作为在语言沟通过程中获取对方信息的重要方式，一直是优秀商务谈判人士常用的方式之一。

在商务谈判活动中，尽管谈判内容和方式各不相同，但有一点是相同的，商务谈判都是一个相互沟通和磋商的过程。沟通就是通过交流有关谈判信息以确立双方共同的经济利益和相互关系。没有谈判信息作为沟通中介，谈判就无法排除许多不确定的因素，无法进一步磋商，也就无法调整和平衡双方的利益。因此，掌握一定的谈判信息，就能够从纷繁复杂的信息中，发现机会与风险，捕捉到达成协议的共同点，使谈判活动从无序到有序，消除不利于双方的因素，促成双方达成协议。对于商务谈判人士来说，从与对方的语言沟通过程中获取信息，并向对方传递相应信息，是双方顺利进行沟通的重要途径。

在谈判沟通过程中向对方传递相应的语言信息，就是通过组织和协调语言向对方表达自己的需求和其他意见。这是任何一次商务谈判过程中，谈判代表都必须掌握的技能，这里就不多做讨论了，我们更想说的是如何通过双方的语言沟通来更多地了解对方的信息。

倾听作为在语言沟通过程中获取对方信息的重要方式，一直是优秀商务谈判人士经常采用的方式之一。一个商务谈判高手通常会提出有针对性的问题，然后耐心地倾听对方的意见。倾听不仅可以得到对己方来说相当有用的信息，如对方的真实需求、对方希望得到的最大利益目标，或者愿意做出的让步程度等；同时有效的倾听还可以使谈判对手感到被尊重、被理解。正因如此，注重倾听的谈判者往往比那些急于表达的谈判者更能在谈判过程中获得主动权，也更能以巧妙的妥协战略获得最大利益的实现。

某公司的业务员被派往一家工厂，对下一季度的供货合同的签署进行谈判。在谈判中，工厂方面态度非常强硬，他们要求降低 20% 的进货价格，否则就终止合作。据他们所说，还有好几家公司等着与他们合作，所以他们有挑选供货方的自由。

谈判陷入僵局，经验丰富的业务员决定采取侧面突破的办法。他借着到工厂实地考察的机会，和一位老员工攀谈了起来。这位业务员表现得非常谦虚、热情，用请教的态度询问老员工："您觉得某某产品怎么样？"老员工看到一位西装革履、气质不凡的先生用这么温和的语气向自己"虚心求教"，不禁有些受宠若惊的感觉，便不由自主地打开了话匣子，告诉业务员："这种产品虽然价格有点贵，不过品质是最好的。我们的生产线上用的都是这种产品，它符合我们的技术标准……"业务员一边认真倾听一边连连点头，并不时地用微笑鼓励老员工继续说下去。不一会儿，老员工毫无保留地说出了业务员迫切想要知道的信息："我们的存货快要用完了，可是新货订单还没签下来呢……”

带着自己通过倾听得到的重要信息，业务员胸有成竹地回到谈判桌上，他冷静地面对对方提出的压价要求，指出其他公司的产品在品质方面无法和己方的产品媲美，所以不可能接受如此大幅度压价的要求，只可能做出极小幅度的让步。对方还想与业务员争执，但是库房方面打来电话，称库存告急，需要尽快签约。对方知道采用业务员提供的产品生产是最为稳妥的，只好选择继续与业务员合作。最终，双方各让一步，以降价 3% 的价格签订了进货合同。

在上述案例中我们看到，谈判者通过倾听，从语言沟通中获得大量有价值的重要信息。而倾听之所以能够产生如此奇妙的效果，是因为倾听让被倾听者有一种受到重视的感觉，他们常常会说出更多。而在谈判桌上，“多说多错”的例子常常出现，对方说得越多，就越有可能透露出一些重要的情报。而有经验的商务谈判者往往可以根据这些有用信息采取最有效的手段做出符合对方胃口的妥协，然后在对方需求得到满足的基础上向对方提出自身的要求。

而商务谈判活动的复杂性、多变性、竞争性，决定了只靠一方的猜测和估计是很难进行有效沟通的，耐心倾听就是谈判双方在表达己方意见的同时和对方进行积极交流的一个重要方式。因此商务谈判人士必须注意在谈判过程中对谈判对手所述的意见耐心倾听。

当然，这里所说的“倾听”“聆听”并不只是简简单单地竖起耳朵听对方说出的每一句话，而是要在倾听中思考并采集信息，为之后的谈判成功增加筹码。而要做到这种高质量的倾听，我们要注意做好以下几点：

专心致志地倾听

为了保证自己在倾听时不会遗漏有用的信息，我们必须保证全身心地投入，把注意力集中在对方的话语中。我们不仅要努力听清对方的话语，还要注意对方在说话时表达的感情，思考对方有没有“言外之意”“弦外之音”。为此，我们要时刻提醒自己，千万不能在倾听时随意分神，片刻的分神都可能给我们带来严重的损失。

认真倾听还能够帮助我们化解谈判对方的敌意。如果我们在听清对方的立场和观点后，能够清晰地复述出自己倾听的结果，就更能让对方感觉舒服，他们会不由自主地减少抵触心理，谈判的进程也会变得顺利得多。

善于引导对方多开口说话

为了更好地从对方口中获取更多信息，我们应当学会少说多听。我们可以抛出一些可能引发对方倾诉欲的问题，让对方不由自主地愿意开口讲话，对方说得越多，我们就越容易从中发现一些有价值的线索。

为了鼓励对方继续说下去，我们还可以用点头、微笑等方式来表示赞同和肯定的态度。另外，在对方话语停顿的间隙适当加入“您说的对”“确实如此”“我很赞同”等简短的回应，来引导对方多多表达。比如，纽约一家电话公司曾在遭到一名客户投诉后，派出一位有经验的业务员去与客户“谈判”，而业务员所做的就是静静地倾听客户的抱怨，并不时地用“没错”“是的”来对客户的不满表示同情。客户在业务员的引导下，整整抱怨了一个小时，而业务员一点也没有表露出不耐烦的情绪；最后客户被业务员的体贴深深打动，主动撤回了自己的投诉，还和业务员成了好朋友。

不要随意打断对方

在对方讲话的时候，我们要注意不能随意开口打断，因为这样会干扰对方的思路，使对方不愿意再继续说下去，而我们也会错过收集更多信息的好机会。随意插嘴也会让对方感觉不礼貌、不尊重，可能会激怒对方，让对方的态度变得强硬起来，影响谈判的顺利进行。

因此，我们要学会先认真倾听，再发表意见，即使对方此时所说的话并不能够使我们认同，我们也不要马上说出否定的话，而应等到对方发言后再进行有理有据地反驳。

此外，对于谈判对方在话语中传达的信息，我们还应当学会整理和鉴别。有时候，对方可能会故意放出“烟幕弹”，即用一些假消息掩盖自己的真正意图，对此我们应当提高警惕。我们一定要在用心倾听的基础上，鉴别听到的信息真伪，然后去粗取精，去伪存真。这样才能达到最佳的倾听效果，也能为我们获得谈判胜利提供必要条件。

从非语言交流中获取信息

在谈判沟通的过程中，必须通过许多非语言交流的途径获取更充分、更有用的谈判信息。非语言交流的方式主要是体态语言。

谈判信息是控制谈判过程的手段，要做到对谈判过程进行有效的控制。首先，必须掌握足够的、准确的谈判信息，再依据具体的谈判信息，确定谈判的正确策略。如果无法获取更充分、更准确的信息，则很难有效地对整个谈判过程加以控制和协调。谈判过程千变万化，经济、技术、内部、外部之间的联系是非常复杂的。正因如此，在谈判沟通的过程中，如果仅仅从双方的语言交流中获取信息是远远不够的，许多非语言交流的途径能获取更充分、更有用的谈判信息。

非语言交流的方式主要是体态语言，体态语言是指人的身体动作、态度表现以及声音语调等。据有关专家研究表明，在谈判双方的口头交流过程中，词汇只占谈判双方全部交流信息的 7%，93% 的信息都要靠体态语言的交流来获得。所以有经验的谈判者会非常重视解读对方的各种体态语言，以此来掌握更多的谈判信息。

一位老练的汽车推销员每周能卖出 2 辆汽车，其他同行都不知道他成功的秘诀是什么。当有人问他时，他说“其实很简单，我只不过是能够得到更多的信息而已。”但是周围的同事们却发现，这位汽车推销员和顾客进行的语言交流并不比他们多，甚至大多数时候他只是和顾客说一两句话就去干其他事情了，那么他是如何得到更多信息的呢？

在推销汽车的交易中，对于推销员来说最大的难题恐怕就是如何对待那些口口声声说“随便逛逛”的顾客了。这类顾客实际上最为精明，他们在寻找最合适的便宜货，当推销员说出价格的时候，他们往往会不做任何表示，然后再到其他的汽车经销商处继续“随便逛逛”。而这位老练的汽车推销员遇到这种类型的顾客时，他绝不会轻易地把价格告诉对方，当然他也不会拒绝顾客的问价。他会迅速掏出自己的名片，写上顾客的姓名，并在名片的背面写上一个不可对顾客透露的数字，然后他把这个名片别在办公室的墙上，对顾客说："这就是你可能找到的最合适的价钱了。"他建议顾客去和别的经销商谈谈，谈完以后再回来看看他写在名片上的价格到底是多少。

等他做完这些事情之后，就去应付下一位顾客了。而且通常过不了多久，那位名片上的顾客就会主动回来找他，因为顾客们都对名片另一面的价格心怀好奇。当然，写在名片上的数字不一定是最合适的价钱，每当顾客做出这样的表示时，这名推销员就会通过顾客与自己说话的声调、走路或握手的动作以及面部表情等非语言行为观察他们的真实态度，这就是察言观色。然后他再假装不经意地问顾客："那么，旁边那家汽车经销商和您谈的条件如何？"大多数的顾客都会把真实的情况告诉他，即使他们不告诉他真实的情况，推销员也知道其他竞争对手的汽车销售价格，他这么问的目的不过是想了解一下顾客期望的价格水平。经过一番察言观色和共同交流，这位推销员就掌握了非常重要的信息：第一，这位顾客正在考虑购买他的汽车；第二，竞争对手给出的价格；第三，这位顾客期望的价格水平或额外服务。现在，他就可以选择做还是不做这笔生意了。通常，他能成功做成生意，而且顾客也觉得购买他推销的汽车更实惠一些。

我们可以发现，这位推销员与同行相比，并没有什么特别的"独门秘籍"。他能够获得顾客的青睐，正因为他善于观察体态语言，并能够从中找出对自己有价值的信息罢了。

这个案例向我们证明：在商务谈判的过程中，非语言交流是语言交流之外的双方互相传递信息和获取更多信息的重要途径。商务谈判人士不但要字斟句酌地和对方进行语言交流，还应该细心冷静地从对方的行为态度方面挖掘语言交流背后的信息。

由于人们的不同行为和表情所体现的内容各不相同，根据心理学家和谈判专家的总结分析，我们可以发现人们通常的行为表情所蕴含的内容：

肢体语言

在谈判中，出色的谈判者善于从对手的肢体语言中捕捉到他们所需要的信息。

谈判开始时如果对方向你伸出手，你也迎上去，这表示友好与交往的诚意；假如你无动于衷，不伸出手，或者懒懒地握一下对方的手，则意味着你不想与他深入交往。握手时，如果对方的掌心出汗，对方可能正处于兴奋、紧张或情绪激动的状态；如果对方用力握你的手，则表示此人好动、热情，凡事比较主动。

如果谈判对手在谈判中不断地搓动双手，或者搓手心和手背，这常常是谈判处于逆境时的习惯动作。

有些人说话很有条理，但有些机械，脸部表情呆板，四肢显得比较僵硬，目光也不那么锐利狡黠，这会给人一种印象：他很有准备，但毕竟是初次上阵的谈判新手。

通过对方上肢的动作或者自己与对方手的接触，可以判断分

析出对方的心理活动或心理状态，也可以借此将自己的意思传递给对手。比如，握拳表现出向对方挑战或自身紧张的情绪；握拳的同时使手指关节发出响声或以拳击掌，都是向对方表示无言的威吓；将双手手指并拢放于胸前，则充满了自信；手与手重叠放在腹部的位置，表示谦虚、矜持或略带不安的情绪。

人的腿和双足也往往是最先表露潜意识情感的部位，下肢动作反映的信息主要有：

对方张开腿而坐，表明他相当自信，并有接受对方的倾向；而如果对手说话时抖动跷起的二郎腿，他无疑觉得自己处于优势地位而表现出一种稳操胜券的自信神态。

对方架腿而坐，一般表示拒绝并保护自己的势力范围，使之不受侵犯；而不断变换架腿姿势的动作是情绪不稳定或焦躁、不耐烦的表现。

摇动足部，用脚尖拍打地板或抖动腿部，这些动作都表示焦躁不安、不耐烦或是想摆脱某种紧张感。快要进入考场的考生、车站候车的旅客常有这种动作。

据心理学家分析，人的举止是对内心活动的充分反映。如果对手谈话时落落大方，走、站、坐的姿态都轻松自在，说话紧扣主题，谈笑风生，这恐怕是个很难对付的谈判老手。举止所表达出来的意义往往会因为个人性格和文化背景的不同而有所差异。因此，在谈判桌上，要从对手的举止中领会其中所潜藏的内涵，就要做个有心人，学会察言观色。

对方笑容的特殊含义

不同的笑容代表谈判者不同的情绪和心境，具体可以分成以下几种笑容：

快乐的笑容：嘴角拉开，露出牙齿，眼尾向上弯起，表情看上去非常愉悦，眉头完全舒展开来，表明此人此刻心情非常轻松、快乐。

善意的笑容：嘴角微微上扬，牙齿常常并不外露，脸上带着真诚的表情，目光也非常柔和，这种笑容常常是一种释放善意的表现。

为难的笑容：嘴上带着笑意，但嘴角下拉，鼻翼两侧的皮肤皱起，眉头也常紧蹙在一起，让人很明显地感觉到是勉强发出的笑容，表明十分为难。

嘲弄的笑容：笑时眼尾也没有向上弯起，同时有嘴角向一侧下撇的情况。有的人在发出嘲笑时还会配合以轻蔑的“哼”等声音，一听便可感觉到此刻他 / 她心中的不屑、不满。

尴尬的笑容：笑的表情不自然，颧骨部分的肌肉有僵硬感，同时会有脸色泛白、脸色潮红等情况，说明此时心情比较尴尬、难堪，很想马上摆脱当前的处境。

羞怯的笑容：笑时脸色发红，但表情比较自然，同时眼睛会向下望，不敢直视对方的面孔，可能同时伴有捂脸或捂嘴的动作，说明此刻他 / 她觉得很不好意思，这种情况经常会在谈判经验不足的新手身上出现。

嘴巴反映出人的心理状态

谈判者的情感主要借助于面部眼、耳、鼻、眉、嘴的单独动作或相互间的配合动作来予以充分表现。在这些表现中除了眼睛、眉毛之外，嘴唇最富有表现力。

嘴巴是说话的工具，吃、咬、吮、舐等多种动作，使它具有丰富的表现力，常常能反映出人的心理状态：

如果你与人交往时常咬住自己的嘴唇，这通常是一种怀疑自我或贬低自我的信号。在遭受失败的打击时，人们常会不自觉地咬嘴唇，这既是一种自我惩罚的方式，也有可能是为了掩饰自嘲或内疚的心情。

紧紧地抿住嘴唇，往往表现出意志坚决。如果紧抿嘴唇，且避免接触他人的目光，可能表明此人心中有某种秘密，此时不想透露。

噘嘴表示不满意或者准备攻击对方的意思。

注意倾听对方谈话时，嘴角会稍稍向后拉或向上拉。

假如一个人的嘴唇常常不自觉地张着，显示出倦怠疏懒的样子，那么他可能对自己、对自己所处的环境感到厌烦，有一种不肯定感；这种体态语言还表现出他对周围的事物缺乏兴趣，或缺乏足够的信心。

吸烟也能反映出人的心理状态

在日常生活中，吸烟的姿势具有很强的表现力，这种姿势常常会不自觉地流露出一个人的心理和情绪状态：

抽烟斗的人经常运用烟斗作为谈判时的道具。对付这类对手的策略是不要争着吸引他们的注意。抽烟斗的人伸手取火柴点烟时，这是你停止谈话的时机。等他点好烟开始吞云吐雾时，你再继续你的谈话。

吸烟不停地磕烟灰，表明此人内心有矛盾冲突或焦躁不安。这时烟成了吸烟者减缓和消除内心冲突与不安的渠道。假如你能很有技巧地避免这种动作，对你是有利的。最好的办法是注视着烟斗，使对方意识到不妥，从而主动放下烟斗。不过，有时对方可能会暂时放下烟斗，等到心情紧张的时候又会拿起来。这时你要留意他的举动，可以在他准备伸手拿烟斗的时候，递给他其他物品，如一页报表、一本小册子，或其他能让他参与你的谈话的物品。

从眼睛看透对方

“人的眼睛和舌头所说的话一样多，不需要词典，却能够从眼睛的语言中了解整个世界。”这是爱默生关于眼睛的一段精辟论述。眼睛有反映人们深层心理的能力，其动作、神情、状态都能表现出明确的情感。眼睛是人们心灵的窗户，细心精明的谈判者往往可以通过这扇窗户观察到许多十分有用的信息：

当周围的环境发生变化时，如果对方的眼睛突然睁大，这表明他对客观环境的态度是积极的，而且可能比自己所认识的还要富于进取心，因为在面临攻击或危险时，睁大双眼是决心迎接挑

战的第一反应。

根本不看对方，而只是听对方讲话，是企图掩饰什么的表现。据一位有经验的海关人员总结，他在检查通关人员已填好的报关单时，还要再问一句："你还有什么没有呈报吗？"这时，如果通关人员不敢正视海关人员的眼睛，往往说明通关人员有情况没有申报。

当人们处于兴奋、喜欢、肯定的情绪时，瞳孔会放大，眼睛会显得非常有神；当人们处于低沉、厌恶、否定的情绪时，眼睛中的瞳孔会缩小，眼睛则会显得暗淡无光。

假如你抬起下巴并垂下眼睛，这表现出你对当时所处的环境或对谈判对手有一种不屑的态度；如果你低垂下巴两眼向上望，那是一种羞怯腼腆的表情，也可能会让对手觉得你有求于人。

当你的对手摘下眼镜，开始擦拭时，你应当停止谈判。因为擦拭眼镜是擦拭者正在仔细考虑某一论点的表现。所以，当对手擦拭开始时，应停止施加压力，让你的对手有足够的时间考虑，等对手戴上眼镜，再重新开始谈判。

在 1 秒钟之内连续眨眼数次，这是神情活跃，对某事件感兴趣的表现；有时也可理解为由于个性怯懦或腼腆，不敢直视而不自觉做出的动作。在正常的情况下，人每分钟眨眼 5 ~ 8 次，每次眨眼不超过 1 秒钟。时间超过 1 秒钟的眨眼表示厌烦、不感兴趣，或是为了显示自己的优越性。

当然，眼神传递的信息远不止这些，有许多只能意会不能言传，这需要谈判人员在实践中用心观察、积累经验、努力把握。

总之，无论是眼睛、嘴巴、脸部的神态，还是双手、双脚、手臂的动作，这些非语言行为都可以向人们传递一定的信息，而且这些体态语言传递的信息往往比语言交流的信息更加可靠。因此，商务谈判人士平时一定要注意练习，这样在谈判中就能自然而然地收集非语言信息，并可以将其自如地运用于谈判妥协和谈判决策中。

谈判前做到“知己”

做到知己，许多人认为很容易。其实不然。了解自己并不比了解对手轻松。俗话说：“当局者迷。”人们常常会犯过高或过低地估计自己的错误。因此，在评估自己时，一定要慎重仔细。

——霍伯·柯恩

在谈判前要清楚地知道自己想要从谈判中得到什么，还要知道自己为什么要谈判，如何塑造自己的形象，以及在谈判中有哪些可以用来讨价还价的资本，以免在谈判中做无谓的努力。

2016年8月，上海的一家科技公司准备与一家国外的风险投资公司就一笔2000万美元的投资进行谈判。科技公司的CEO何先生在之前已经与投资人有过几次电话谈判，双方相谈甚欢。因此何先生认为，这次谈判不过就是走个过场，只需要简单沟通后，双方在合同上签字就可以了，所以他并没有认真对待，就带着轻松的心情准备去参加这次谈判了。

在谈判当天，何先生带着自己的秘书来到约定的见面会场。没想到一进入会场，他惊讶地发现对方为谈判进行了非常充分的准备，还派出了法律专家、财务人员。那位之前与何先生打过交道的投资人虽然也在现场，但他明确表示自己只会旁听，而不会直接参与这次谈判。

这种出乎意料的情况让何先生阵脚大乱，他带着惴惴不安的心情在谈判桌边坐了下来。对方的财务人员开始重新评估这次交易，他们指出2000万美元的投资决定仍然有效，但是何先生必须同意出让更多利益。何先生非常着急，他不停地为自己争辩，说之前已经与投资人达成了共识，但无济于事。因为他一方面拿不出任何成文的证明，另一方面当时也没有和投资人敲定己方的承诺，所以对方追加这样的要求并不算过分。

何先生为自己的草率行事感到非常后悔，他虽然迫切需要这2000万美元投资，但对方追加的要求实在是公司无力承担的，于是何先生只能决定放弃这次交易。

何先生在谈判中遭遇失败，就是因为他缺乏足够的准备，只知道自己要去谈判了，但是对如何谈判还处于懵懂的状态，甚至连自身信息都没有完全掌握。不知道自己可以用什么资本来讨价还价，也不知道自己的底线应该设在哪里，更不知道自己可以做出怎样的妥协。不仅如此，他也没有对自己的心态进行必要的调整，这样在谈判中一遇到意外情况，就慌了手脚，以这样的状态去进行谈判，那只能是“十谈九输”。

想要避免出现这种让人遗憾的结果，你就应当注意在谈判之前先从以下四个方面进行准备：

自己去谈判的理由

你为什么要去谈判？这个问题可以帮你把主要精力集中在设计谈判战术和战略上。以下理由可能促使你去谈判：1. 你没有能力去做某件事情；2. 你希望对方给你提供价格便宜的原材料；3. 你想将自己的产品卖给对方；4. 为了实现自己的目标，你必须和其他人合作，借助他们的力量。

在谈判前如果弄清楚对方能给自己什么和自己能给对方什么这两点，谈判就会变得容易很多：1. 对方能给我什么：应该清楚地知道这次谈判可以满足我方的哪些需要，能满足需要的可替代性有多大，各种需要的满足程度如何，等等。2. 我能给对方什么：谈判者不仅要了解自己要从对方那里得到些什么，还需要知道自己能满足对方哪些需要。在满足哪种需要的竞争对手时，自己有哪些优势，处于什么样的竞争地位。

塑造自我

如果你是一个性情暴躁的人，那么在谈判中，很有可能会陷入不利的局面，从而导致签下不符合原本心意的合约。人在情绪化的时候不愿意思考，很容易被对方看似不错的建议所诱惑。生气的人，很难立即改变主意，即使发现自己做出了荒谬的决定，由于情绪上的不稳定，也只能任人处置。所以，镇静、沉着的心理是谈判时必须坚守的原则。

如果你是一个很自负的人，那么对方有可能恭维你，让你在飘飘然中落入陷阱。霍伯·柯恩强调谈判者的心理素质是非常重要的，只有将自己的心态调整好，才能在谈判中扬长避短，采取适当的谈判策略以达到目标。

树立信心。信心是重要的精神力量。在重大的谈判中，谈判者往往会被凝重的气氛和压力逼得喘不过气来，从而心慌意乱、六神无主，本可以发挥的内容也忘得一干二净，致使主动权轻易落到对方手里。在这种情况下，谈判者若想提高自己的谈判实力，就必须沉稳自信。一个谈判高手在谈判前通常这样给予自己信心，经常对自己说："我能行的！"而不是"我能行吗？"用这种办法可以提升对谈判的积极态度和诚意；以现实的态度面对问题、分析问题、解决问题；坚持自己正确的主张；不要轻易怀疑自己。

培养耐心。耐心是在心理上战胜谈判对手的一种战术，有耐心的谈判者表现为不急于求成，并通过自己有意识的言论让对方知道合作的诚意与可能性。耐心是谈判者心理成熟的标志，急躁鲁莽在谈判中是不可取的。在对客观事物和现象做出全面分析和理性思考之后再做出科学决策，才是一个谈判者成功的秘诀所在。在基本目标一致的前提下，应遵循求同存异的原则，不必计较对方提出的种种小问题。当然，耐心并不是拖延。如果说拖延是从策略上战胜对方，那么耐心则是从心理上战胜对方。谈判者是否具有良好的耐心，会直接影响谈判的结果。只要有耐心、适当地坚守利益、坚持自己的立场、有准确的判断力，你就会获得谈判的成功。

具备诚心。谈判有诚心，是实现双方目标的必要条件。从心理学的角度来看，诚心是双赢谈判的心理准备。我们知道，谈判的初始动机是受需求欲望支配的。为了满足需求欲望，在单靠自己的力量无法满足时，就得寻找合适的合作伙伴。而合作伙伴的取得，是在大量了解和全面考察对方的基础上，通过谈判实现的。诚心就体现在这种寻求合作对象的过程中。当然，谈判的诚心不仅仅是单方面的，而必须在谈判双方所共有的条件下，才能转化为谈判的动力。只有在以诚心为基础的良好的心理环境下，谈判者才可能保证在共同利益不受损害的同时，达到自己的谈判目标。

谈判资本

在谈判前，你还要分析自己的优势、劣势以及谈判人员的个体素质情况，从而推动谈判的顺利进行。你可能会觉得这项工作非常简单，事实上，并不是所有谈判者都能确切地说出自己掌握的优势。为此，你需要对优势进行一番具体的分析。比如，你可以在谈判之前先进行预想，考虑自己正在经历谈判的每一个阶段，然后问问自己在各个阶段是否能够占据优势，在下一阶段应该如何把握才能继续保持这种优势。通过这样的分析，你就能够发现自己的优势，并且在谈判中将这些优势展现给对方，使对方感受到压力，那么你就能够更好地在谈判中控制节奏了。比如，以下这几点就是你可以在谈判中利用的优势：

企业和产品的优势。在商务谈判中，你应当学会放大自身具备的优势。比如，你所在的企业在市场拥有较强的影响力，品牌和产品具有一定的美誉度，拥有较为广泛的用户基础，这些都可以成为你用来谈判的筹码，应当尽可能多地强调和重复它们。如果同时有多个竞争对手和你一起竞争这项交易，那么你拥有的这些优势就可以为你增加不少筹码，更可以不用做出过多的妥协就能获得谈判的成功。

技术的优势。一般来说，许多谈判者总是乐于自己拥有先进的技术。先进的技术往往具有良好的经济效益和可靠性，能给谈判带来成功。但是最先进的技术并不一定是最能带来效益

的技术。由于受资金条件、技术素质和管理水平的制约，谈判者不宜一味强调追求当代世界最先进的技术。虽然先进的技术是人们所追求的目标，但就谈判而言，仔细分析先进技术力量所能带来的谈判效益有多少是主要的，谈判人员对此应有科学的战略眼光。

人员的优势。谈判是一种思维要求较高的活动，是对谈判者知识、智慧、勇气、耐力等的考验，是谈判者之间才能的较量。所以在谈判前，你一定要了解和分析参加谈判人员的个体素质，这是谈判成功的重要因素。特别是在应对一些内容复杂、涉及面广的谈判前，如果你能够组织好一支知识互补、性格协调、分工明确的强大谈判团队，就会产生事半功倍的效果。

自己的谈判极限

准备谈判时，你要做的最关键的事情还包括确定自己在谈判中的极限。这样你才知道，什么时候应结束谈判，什么时候可以说“是”，什么时候可以说“不”，什么时候态度可以强硬，什么时候应该终止谈判。这也就是说，如果到达这个极限，必须明确自己该怎么办。另外，你应该考虑在你没有得到预期的结果时，可能会发生什么事情，最好的选择是什么；这会使你的判断力增强，有助于制定出最佳的谈判决策，使谈判向着有利于你的方向发展。

谈判前做到“知人”

知己知彼，百战不殆。

——《孙子·谋攻篇》

谈判前一定要注意搜集对方的信息，而且这种信息的搜集工作越细致越好。20 世纪 60 年代，美国总统肯尼迪在与苏联领导人赫鲁晓夫进行有关柏林问题的维也纳会谈前，查阅和研究了赫鲁晓夫的全部演说与公开声明，收集了几乎所有可以找到的有关赫鲁晓夫的资料并加以研究。这些资料甚至包括赫鲁晓夫的早餐嗜好和音乐欣赏趣味。为这场至关重要的谈判奠定了必要的基础。

虽然在多数谈判中，这样细致入微的了解显得有点小题大做，但只有把握对方各方面的情况才能顺藤摸瓜，去探查对方的需要，并由此掌握谈判中的主动权，使谈判同时满足双方的利益。

那么，如何在谈判前做到“知人”呢？以下几个方面的工作是你最不应该忽视的。

估计对手的实力

如果对方是一家公司，那么对手的实力包括公司的历史、社会影响、资本积累与投资状况、技术装备水平、产品的品种、质量、数量以及对方的人员情况等。

然而，对对手进行了解有时候很不容易，谈判场上风云突变，谁也不想在其中处于被动地位，在谈判前隐藏自己是每个谈判者都知道的。如何了解对手、收集有关谈判对手的情报，有以下两种途径：1. 直接派人前往对方的所在地进行调查，掌握第一手资料，这样花费的时间和金钱会比较多，但其可靠性程度比较高，针对性也比较强；2. 通过间接渠道获取第二手资料，现在主要是通过网络、报纸和一些传媒机构等。

美国有一位擅长谈判的高手汉克斯先生，他能够在谈判中屡屡获胜所凭借的秘诀就是深入了解对方的信息。每次进行商务谈判之前，汉克斯先生都会深入对方地盘，了解对方公司的经营情况、政商背景、谈判动机以及谈判对象的职位、权限等信息，甚至还会到谈判对象的办公室走一走，仔细观察办公室里的各种陈设，包括照片、书籍、杂志、纪念品、装饰品等，从蛛丝马迹中看清对方的个性、爱好、弱点等。

2014 年，汉克斯先生代表自己的公司去谈判，当时他想要买下纽约一个高级会所的经营权，但是手头的资金非常有限。于是，汉克斯先生通过调查和研究找到了一家保险和财务服务公司，说服他们同意出资合股购买。由于汉克斯先生只能承担少量的投资，他遭到了该公司的拒绝。但汉克斯先生并不气馁，不断地走访该公司收集情报，并想办法摸清楚该公司 CEO 的底细。然后，汉克斯先生发现那位 CEO 是从乡下小镇来的，没有购买大宗房地产的经验，立刻如获至宝地利用这一信息与CEO进行谈判，告诉对方："你完全不懂纽约的房地产行情，而我是这一领域公认的行家。由我主导这件事情，我们两家都将获得丰厚的收益。在纽约你不可能找到比我在这方面更专业的人了……"通过艰辛的谈判，汉克斯先生成功地说服了那位CEO，让对方觉得没有他参与这桩交易就不可能成功。最终汉克斯先生只拿出少量资金，却获得了会所一半的经营权。

这个案例对于我们的谈判情报收集工作有非常重要的启迪意义。在商务谈判中，深入对方的领域去探查信息，可以获得很多第一手的资料，能够帮助我们在谈判中占有主动权。如果进入对方的领域存在困难，我们也可以借助其他渠道去探查对方的信息。在如今的信息时代，大众传媒的覆盖面更广，手段更先进。特别是随着"信息高速公路"的开通，国际组织、企业及个人信息资源的共享，都为获取信息提供了更为便捷的途径。

谈判对手的需求

人的一生，就是为了满足需求而与自然、社会不断进行拼搏的持久斗争。同样，谈判本身，也是处在不同角度、不同经济发展状况下不同的人或团体为了满足各自切身利益的需求，而通过一定的形式达成的某种目标的外在表现。如果我们想要了解对方的需求，必须要知道什么是人的需求。心理学家马斯洛把人的需求分成五类，要弄清谈判对手的需求，研究这些需求是很有必要的。

生理需求。生理需求包括饥饿、疲倦、性等，是所有动物共有的特性，是驱策生物的主要动力。生理需求往往主宰了其他需求。一个人可能欠缺许多东西，如爱、安全、自尊等。若人感到饥饿，在这种情境下，除非他的饥饿得到某种程度的满足，不然他是不会在意其他需求的。换句话说，他会全心全意、不顾一切地寻找食物，而忘了其他的种种需求。你若知道一个乞丐的生理需求，你就会赢得他的尊重，你可能给他一元钱，而他会虔诚地向你致谢。

安全需求。生理需求得到满足后，生物机体最关心的是安全感。成年人所追求的安全感和稳定性多偏重于金钱、职业和退休计划等方面。

社交需求。一个孤独的人总会有渴望朋友、情人、家庭的感情需求。在一个人感到饥饿、危险和受到威胁时，他迫切需求的是食物和安全感。但是，在得到食物和安全感之后，他会更渴望被爱，而这种渴望被爱的心理可能比其他的需求更为殷切。

尊重需求。尊重需求可分为两种：一种是渴望自由和独立，另一种是渴望名誉和权威。在自由和独立的心理渴望获得满足之后，随之而来的往往是力量、能力和自信的需求。而在获得名誉、权威的满足感之后，往往会产生对地位、支配权和获得他人尊敬的需求。被尊敬的需求若得到满足，会使人觉得自己是有成就，

而且是被重视的。

自我实现需求。在满足生理需求、安全需求、社交需求、尊重需求之后，大部分的人都想要从事一些自己感兴趣的事情，不然他们就不容易感到快乐和满足。自我实现就是把自己能够完成的事情做好。这种期望的实现就是自我实现。自我实现的表现形式往往因人而异。

人类这五种基本需求的重要性随着层次的增高而递减，即生理需求是人们最广泛、最迫切的基本需求，而对其他的需求欲望就没有那么迫切了。同样，谈判对手的需求也有层级的分类，有的需求对他们来说是最为迫切的，有的需求则不那么迫切，还有的需求可能无关紧要。在某些情况下他们会对这些不重要的需求进行妥协，我们也可以由此对自己的谈判计划进行有针对性的调整。当然，这需要我们先充分地了解对方的需求。

有很多方法可以帮助我们了解对方的需求。从提出的问题，或是从对方的答复，我们都可以了解对方的需求。我们通过仔细倾听对方的谈话，可以从对方的口头禅、表情、说话的态度和声调等，发掘出对方话中所隐藏的谈判目标。

要了解对方的谈判目标，你应该站在他的角度设身处地地去想，我们可以从对方的角度来思考几个简单的问题：我希望对方做出怎样的决定？我自己究竟怎样做才会促使他做出我希望的决定？他在什么情况下不会做出我希望的决定？

有时候，你的谈判对手之所以要进行谈判，也许并不只是表面上的那些目的。但是，你不可能一望就知道别人想些什么。在这个时候，你也许更需要一些思考，或者问自己："他为什么这样做？"只有经常进行这样的思考，你才能够更好地把握对方的需求，这样你在做出妥协或要求对方妥协时目标都会更加精确。

分析谈判对对方的重要性

对团体来说，任何一次谈判都是由行为主体（谈判人）代表关系主体（企业、公司等团体）来进行的，所以谈判人员所代表的利益和需求是两方面的：他既可能反映个人的利益和需求，也可能代表企业或其他团体的利益和需求。两种利益往往交织在一起，谈判对于对方的重要性也具有双重性。因此，我们有必要从两个方面进行考虑。下面这些问题将有助于你考察谈判的关系主体对这次谈判的重视程度：1. 假如双方无法达成协议，对方会有什么损失？ 2. 假如双方达成协议，对方会从你这里得到什么好处？ 3. 这次谈判，你的对手究竟想从你这里获得什么？你的对方是否还有别的途径获得他想要的东西？ 4. 这次谈判是否能达成协议，会对其所经营的业务的现状和近期的发展产生什么影响？ 5. 双方谈判的动议是哪一方先提出来并且正式列入日程的？ 6. 对方谈判的诚意有多少？ 7. 对方是否有能力和诚意履行协议的义务？

接下来我们再针对对方谈判人员对谈判的重视程度进行分析，大体包括以下几个方面：1. 如果圆满完成谈判，是否会给他带来诸如金钱奖励、提升级别等实际的利益？ 2. 他会不会因此次谈判在本公司声名鹊起？ 3. 从他自己的性格、作风、工作特点来看，他是否希望谈判成功给他带来成就感？

考察谈判对对方的重要性是为了合理地调整你的作战方案。如果谈判对双方都很重要，那么便可以静下心谈。但如果谈判对于双方的重要性不是同等重要，你就必须综合分析谈判对对方的重要性。

了解对手的权限

作为一名满怀信心的谈判代表，大概不想遇到这样的情况：双方经过针锋相对的舌战，都已经精疲力竭，认为交易已经达成的时候，对方的热情马上冷却下来。对方可能会说："这件事我还得向我的上级汇报一下，只要他能批准，那么一切就能定了。"这时，作为另一方的你又得进入令人不安的等待中，而等待的结局并不总是令人满意。当对方很抱歉地说他的上级不批准这个协议的时候，你前面所做的全部努力就都付诸东流了。

由此可以得出这样一个结论：一旦你的谈判进入这样一种状况，你不得不经受身体上与心理上的双重折磨。此时可以肯定，你已经中了对方设下的圈套。

因此，了解对手的权限对谈判目标的实现很重要。在准备谈判之前，首先需要彻底研究与谈判对手有关的资料。最起码应该知道，对方组织内部做出决定的程序，以及与己方谈判的人员在谈判对方内部是否有决策的资格，即对方的地位、权威等，这是对于谈判非常重要的。

西方有句谚语说："在水中行走的秘诀是知道石头在哪里，并且知道石头是否能绊倒你。"了解对手权限的意义正在于此。

摸清对方的真实"底牌"

关于谈判提得最多的问题就是怎样才能获得比最低目标更多的利益。一个简单的回答就是弄清楚对手的最低目标，然后仅仅满足对手这个目标。但是，我们怎样才能得到关于对手的重要情报呢？对手肯定不会自己露底的，不过这并不妨碍你进行旁敲侧击。

有这么一则小故事，谈判中一方直截了当地询问对方的底价："告诉我最低多少钱你可以接受，然后我看看可以给你添多少。"对方并不上当，反问道："你为什么不告诉我你希望最高支付多少呢？我可以考虑让你少出点。"对方目瞪口呆。这个故事说明在谈判中，除了没有经验的谈判者，没有谁会简简单单地亮出自己的"底牌"。

尽管如此，你还是可以采用一些灵活的方法来进行探测。比如，用沉默的办法让对方不由自主地继续说下去。来看下面这个例子：

卖方："185 元的单价，是我方能接受的最低价格了！"

买方："这太高了……"然后，买方就说出了种种理由，来证明这个价太高。这样，买方就处在了防御地位，并可能随时暴露出一些破绽。因为他要解释清楚,为什么他认为那个价格太高。如果买方不说话，装作沉默不语，那么情况就可能有所变化。

卖方:“185 元的单价，是我方所能接受的最低价格了！”

买方沉默不语。这时，卖方就可能为了打破你的沉默，而继续说些什么，来证明他们这个价格是合理的。但是，一旦他把支持 185 元单价的理由都说完了，为了保住他的阵地，他就得硬撑着往下说，这时你就有机会知道真正合理的价格了。

本章精彩观点

- “知己知彼，百战不殆”，《孙子兵法》中的这句话在现代商务谈判中同样适用。
- 在谈判过程中应对己方信息进行严格保密。
- 要了解对方的谈判目标，就应该学会换位思考，即站在对方的角度设身处地地去想。

第六章

谈判的战术

——选对时机用对方法

妥协是解决谈判中出现僵局的好办法。妥协的目的是避免谈判出现僵局，促进谈判成功，最终达成协议。

妥协本身就是一种策略，包括谈判过程中表示妥协的适当时机，面对不同的对手和谈判环境选择什么样的妥协方式等。谈判者应该学会适当的妥协策略，尽可能避免在谈判过程中出现僵局。

留出妥协的谈判空间

留出谈判空间其实是为了在谈判过程中更好地运用妥协手段，在做出妥协之前一定要给自己最基本的利益需求寻找更充分的回旋余地。

在从上海飞往广州的一架民航班机上，广播里忽然传出这样的声音：本机着陆时间将要推迟1小时。尽管广播里空姐的声音柔和而动听，但乘客们都不愿意听到这个消息，他们不得不做好在飞机上多坐1小时的思想准备。于是乘客们一边抱怨，一边找出报纸和杂志来看。

然而没过不久，空姐又在悠扬的背景音乐中向乘客们宣布：飞机晚点的时间将缩短半个小时。听到这个消息，所有的乘客们都十分高兴，并且大大地松了一口气。又过了10分钟，乘客们又听到空姐柔和动听的声音：各位乘客请注意，各位乘客请注意，告诉大家一个好消息，由于机场地勤人员的努力，本机即将着陆……听到这个消息后，乘客们个个喜出望外，他们感觉自己真是幸运极了。

以上案例中，这架班机实际上是晚点了，但是乘客们表现出的却是满意和庆幸，飞机晚点的事实已经被大家放在了一边。尽管这架班机始终只是实事求是地向乘客报告真实的情况，但是如果把蕴含在这个案例中的战略战术提炼出来，就可以总结出一条十分重要的谈判方式，即预先留出更大的谈判空间。

缺少经验的谈判人员常常在谈判过程中表现得过于诚恳——一坐到谈判桌前就把自己的最低目标要求或者接近于最低目标的要求说出来。这种做法实际上是没有留出谈判空间的表现，会堵住自己的退路，让自己在以后的谈判过程中无法采取有效的妥协战术。

不事先给自己留下充分的回旋余地显然是一种缺乏开放性思维的表现，而这种表现的直接后果就是使自己在商务谈判过程中处于根本性的被动地位。具有这种表现的谈判者实际上并没有按合同所能达到的最有利的情形去考虑，去提要求，他们的目标就是完成预算，或是比他们的替代方案稍好一点。

在商品贸易谈判中，与销售产品的一方相比，购买产品的一方往往更容易犯这种把自己逼到墙角的错误。比如，在商品交易的过程中，买方常常会把自己真正期望的商品价格告诉对方，如果对方表示坚决不同意那个价格，并且主动做出看上去颇有诚意的妥协，同时要求买方也做出一定程度让步，买方就不得不在原先提出的价格基础上再增加一些筹码，否则就只能放弃这次交易。这正是一些人在购买东西之后，不久就发现自己完全可以以更低的价格购买同类产品的重要原因。但通常，如果他们不改变自己的这种购买方式，不学会在进行交易之前给自己留出适当的回旋余地，那么当他们下一次购买商品时仍然会犯这样的错误。

由于没给自己留出谈判空间而造成自己失去回旋机会的谈判者应该如何改变自己在谈判过程中的被动地位呢？这应该先从源自谈判者自身的根本原因谈起，谈判者没给自己留出谈判空间的原因往往是自己设定的目标价值太低，或者谈判思维不够开放。因此，谈判者要想让自己在谈判过程中游刃有余地换取更大的利益空间，那就要先做到提升自己的目标价值、开放谈判思维。然后，在谈判过程中采取合适的手段，在逐步妥协的同时要求对方做出更符合自身需求的利益补偿。

以某种商品或服务的销售谈判为例，销售人员在和客户洽谈业务之初，最好不要一下就提出自己全部的、真正的要求，而是随着谈判的深入，一点一点地拿下客户的业务。比如，一个邮递公司的销售人员要想拿下某个大客户的所有业务，其中包括商业信函、明信片、特快专递、邮政储蓄等业务，他可以先拿下其中的某一项业务，然后再逐步拿下所有业务。在谈判价格上，销售人员不妨采取递减式让步的策略。递减式让步是一种由大到小、渐次下降的让步形态，可以分为慢递减式让步和快递减式让步。这种让步形态比较自然、坦率，同时显示出销售者的立场越来越坚定，这样对方的期望就会越来越小。

附加价值也不应轻易放弃

努力寻找附加价值，以及尽可能地创造更多的附加价值是商务谈判活动的主要目标之一。因为附加价值的创造实际上就是最大目标价值的实现。

除了不留出足够的谈判空间，缺乏经验的商务谈判者还经常犯下过早放弃附加价值的错误，这两种错误其实都是不懂得寻找更充分回旋机会的表现。与不留出足够的谈判空间相比，过早地放弃附加价值给谈判者造成的损失一点都不小。

在实际的商务谈判活动中，有些谈判者事实上根本就没有积极主动地寻求附加价值的实现。尽管这些谈判者在商务谈判过程中也考虑过妥协，也努力地采取一定的手段要求对方做出必要的让步，但他们没有更好地运用妥协策略，以达到创造更多附加价值的目的。

附加价值是谈判者整体目标价值的体现，如果谈判者不能通过积极妥协的方式获取更大的附加价值，那么谈判者的整体目标价值就会受到一定程度的损失。下面我们以采购商与其他供应商的采购谈判为例来说明这种损失：

精明的采购商不仅会在货比多家之后才确定谈判对象，而且还会充分利用多个谈判对象之间的价格差异、额外服务水平的不同以及折扣方式、需要付款的期限和方式差别等因素，然后根据这些因素以最合适的妥协方式实现更多的附加价值，从而使自身的目标价值实现最大化。但不是所有的采购商都这么精明，有些采购商甚至会在没有充分对比各家供应商交易条件的情况下就贸然选定谈判对象，而且会在和几家供应商进行一两个谈判回合之后就确定最终的交易对象。他们认为自己的这种做法没有问题，理由是“和我们签合同的那家供应商出价最低”。事实也确实如此，但是除了供应商最初的要价，这类采购商从来就没有考虑通过谈判来得到更低的采购价格，并获得其他的附加价值。

让我们来看看采购商的一次采购活动：

2016 年 11 月，一位在当地颇有名气的采购商打算采购某类产品，供应商们听到这个消息后云集而来。经过几轮筛选之后，采购商选定了三家供应商，并打算就在他们中选择一位签订合同，于是他要求这三家供应商分别对产品进行报价，结果他得到了三个不同的报价：

A 供应商报价 57 万美元；

B 供应商报价 61 万美元；

C 供应商报价 73 万美元。

C 供应商马上就被否决了。因为他的报价和其他两家的相比太高，因此采购商便认为 C 供应商可能缺少合作的诚意。当 C 供应商被剔除之后，采购商又继续和 A、B 两家供应商进行谈判，因为这两家的产品报价相差不多。可是经过几轮谈判之后，A 供应商声称57万美元已经是最低报价了。现在，如果B供应商的报价比A更低，B就会有机会。

于是采购商对B说："你能不能调低你的报价？"B说："我不能调低报价，但是我可以……"采购商不耐烦地说："不能调低？那你就是没有诚意，我不会和你签合同的。"最终采购商选择了与A签约，认为自己做出了正确的选择。

采购商真的做出了正确的选择吗？答案并非如此。他仅仅从价格高低来判断哪位供应商更有诚意，却忽视了自己本来完全可以利用这两家供应商相互竞争的机会来要求得到更多的售后服务、延期付款等，这些要求一旦得到承诺，就意味着自己能得到更大的附加价值。所以，这个时候无论对于采购商还是供应商而言都是十分关键的，但可惜的是，不懂谈判战略战术的采购商认识不到这种机会的重要性，他们会在这个关键时刻这样应对："我们已经有了能满足我们需求的供应商。对方的报价很合适。我们无须再做努力，需要做工作的是供应商，如果他们想获得订单就要给我们更低的报价。"

一旦这样应对，采购商自然就不会主动地去寻求附加价值了。于是他们就在草率的几次谈判之后，最终选择出价更低的一方，协议虽然达成了，但他们丧失了许多本能实现的附加价值。而且由于只专注于低廉的产品价格，他们会为了得到更低的价格而做出许多不必要的妥协，这些妥协又使他们大大增加了采购成本。

由此可见，在进行商务谈判活动时，谈判者不应将目光只聚焦于价格因素上，低廉的价格只是你追求谈判价值的一部分，你还应该尽可能地寻求附加价值，然后采取有效的妥协手段赢得附加价值，最终实现商务谈判的根本目的——价值最大化。

妥协也有原则可依

商务谈判中的妥协都是为自身的最高利益目标服务的，而不是为了满足对方的单方面苛求。因此，这些妥协都是基于一定原则的手段，巧妙利用这些手段往往可以达到“退一步而进两步”“让一时而利长远”的目标。

正是因为商务谈判中的妥协是为了谈判者长远利益和整体利益的实现，所以商务谈判者在进行妥协时不要盲目草率，而应该遵循一定的原则，否则盲目妥协会让己方的利益遭受不必要的损失。

2015年3月，中方的一家工程公司从德国订购了一批工程车。中方选择德方的产品，是信任德国人对品质精益求精的态度。可

是没想到，在这批工程车正式投入使用后，却出现了严重的质量问题，而且给中方公司正在施工的一条公路造成损坏。

中方对此非常气愤，要求德方必须赔偿全部货款，并对工程车造成的其他损失一并进行赔偿。德方谈判代表看到中方提供的资料后，其实已经心中有数，但他们不想承担全部的责任，就开始在中方身上找原因，一会儿说是中方的工程人员操作不当造成损坏，一会儿又说是中国的路面情况不适合他们的车辆运行。

中方代表对于德方的意图非常清楚，他们马上拿出工程人员操作时的视频以及质检机关出具的证明，对德方代表说："请你们仔细核对一下这些证据，看看是我们胡搅蛮缠还是你们在推卸责任。"德方代表看到这些证据后，实在不好意思狡辩了，只得给自己打个圆场说："看来确实是我方的设备出现问题了，我方当然不会推卸责任，不过你们能不能做些让步呢？你们提出的赔偿要求实在太苛刻了。"

中方代表立刻反问："那你们觉得赔偿多少才不苛刻？"

德方代表在电脑上计算了一会儿，说他们可以赔偿 80 万欧元，中方表示不能接受，要求德方至少赔偿 140 万欧元。德方表示拒绝，中方又拿出十分精确的价格表，一项一项地指出自己受到的直接损失，让德方无法辩驳。

不过当中方提到自己遭受的间接损失时，德方认为这个数字具有主观性，中方似乎故意放大了，实际情况应该没有这么严重。双方为了这个问题唇枪舌剑，互不相让。眼看着谈判桌上的火药味越来越浓，中方代表冷静思考了一下，觉得不能再这样继续对抗下去，否则德方一气之下拂袖而去，想找他们索赔就要花费更多的时间和精力。所以中方代表主动提出可以做出适当的让步，并承诺如果德方能够解决好这次的索赔问题，今后双方还有继续合作的机会。

德方在斟酌损益之后，也同意进行妥协，最后双方将赔偿金额定为115万欧元，并且德方愿意派专家和工人为中方免费维修机器和被损坏的道路。于是，一场索赔谈判圆满结束。

在这次谈判中，中方代表无疑很好地把握了让步的原则和尺度，才能获得最终让双方都满意的谈判结果。

这也提醒我们，无论自己多么渴望谈成一笔交易，也无论对方如何软硬兼施，在让步时都要把握原则，既不会轻易让步，也不会无谓让步，而要让自己的每一次让步都是有效的。

那么，有哪些让步的原则是我们特别需要把握的呢？

竞争性原则。商务谈判活动其实是商务竞争的一种具体反映，如果没有双方之间利益需求的竞争，就没有举行商务谈判活动的必要。因此，谈判者的每一次妥协都应该争取对方相应的让步。

有序性原则。商务谈判活动是一项复杂性、综合性很强的活动，因此谈判中的种种妥协和让步事先应有计划安排，既不能任意打破具体的妥协计划，也不能临场随意退让。

适度性原则。妥协幅度要适度，不宜太大，次数不宜过多。幅度太大、次数过多会增加对方的信心，导致对方产生更高的期望。

互惠性原则。每一次妥协必须换取一定的利益，不要做无谓

的牺牲，有失应该也有得。而且，不能一味地紧逼对方做出巨大让步，而自己却不愿意满足对方的任何要求。商务谈判本身就是一项互利互惠的活动，所以，作为一种谈判技巧，妥协必须遵循互惠互利的原则。

忍耐性原则。商务谈判活动是一项规范性、程序性很强的活动，而且在这一活动中，谈判双方通常都要讲究必要的礼仪。但商务谈判活动又是充满变数的，为了获得更多、更大的利益，谈判对手往往不惜采取各种手段，甚至会采用贿赂或者恶语相讥等手段。无论面对何种诱惑或攻击，谈判者都应该想办法克服和忍耐，记住“小不忍则乱大谋”“贪小利则坏大计”。

交心性原则。商务谈判中的妥协也是交心战略的灵活运用，有时候商务谈判中的人们会更注重心理需求的满足，而并非实际利益的满足，比如，大多数女性的购物就属于这种类型。因此，在商务谈判活动中，真正的谈判高手会以小幅度的妥协和让步，换取对方较大的心理满足，让对方在心理上觉得自己赢了。

可挽回性原则。如果由于信息准备不充分、设定目标太低或者谈判者自身的疏忽等因素造成商务谈判过程中的妥协不当，那么当谈判者认识到这种失误就要想办法收回，千万不要因为觉得不好意思开口而放弃收回。谈判者应该找一个理由撤销、收回，或者采用追加附加条件或额外服务等方式挽回妥协不当带来的损失。

在谈判中，你只有在遵循这些原则的基础上适当妥协才能实现妥协的根本目的。如果不遵循这些原则盲目妥协、随意让步，那只能导致谈判过程中己方利益的不断损失。一旦在不断的妥协中达成协议，这样的协议往往会使己方陷于困境。

在坚定中积极妥协

妥协是必要的，但绝不可以随意进行。只有当眼前的妥协可以获取长远利益、局部的妥协可以获得整体利益时，谈判者才能进行积极的妥协。

利益是商务活动的根本动力，商务谈判中妥协的根本目的也是最大限度地实现自身利益。因此，商务谈判中的任何一次妥协都必须以实现相应的利益为基础，不然就不要轻易做出任何妥协，也不要向对方流露任何妥协的意思。

这就是说，积极的妥协对于任何商务谈判的顺利进行都是十分必要的，但这并不意味着谈判过程中出现矛盾和问题就要妥协。如果谈判者滥用妥协，那么就会给谈判对手留下这样的印象：只要双方意见一发生矛盾，你就会做出一定程度的妥协，矛盾越激烈，做出的妥协就会越明显。一旦给对方留下了这样的印象，那么对方就会故意在谈判过程中制造僵局，如果你不做出妥协，他也就不让步。

所以，不到关键时候绝不妥协，让对方以为妥协无望。若是一个软弱的谈判对手可能就会不再努力，放弃与你讨价还价了。

某个城市有一家人要全家移民国外，欲出售自家居住的高价位住宅，他们希望住宅价格能卖到 2000 万元人民币，最低不能低于 1500 万元人民币。因为他们购买和装修这处住宅就花了 1500 万元人民币，现在还没住满三年就要出售，况且房价一直看涨。由于移民之前有许多事需要处理，这家人便委托房地产中介公司代理出售住宅。房地产中介公司的业务员接下单子后，积极地策划广告，宣传其所处的优越的地理位置、房间布局的合理性及其配套设施的全面与完善，很快将房子推展到了市场上。两周后，出现一位买主。参观完这处住宅，对各方面的条件都很满意，但只出价 1400 万元人民币，这与卖主的底价相比尚差 100 万元人民币。业务员无奈，只能回头找屋主议价。经过业务员的协调，屋主同意将住宅售价由 2000 万元人民币一下降到 1600 万元人民币，售价 1600 万元人民币与买价 1400 万元人民币相比，仍有 200 万元人民币的差价。

为了促成这项交易，业务员只好去找买方协调，费尽口舌，但买方始终不同意再加价。买方看到卖方如此痛快地一次降价 400 万元人民币，于是有心继续拖延，以使卖方做出进一步的妥协。而看到买方的态度如此坚决，为了促成这笔生意，业务员不得不再去找卖方商量，由于急于出手这套住宅，而且业务员又在一旁劝说，卖方决定再降50万元人民币，此时的住宅要价已经降到了1550万元人民币。买卖双方之间仍有150万元人民币的差价，业务员又与买方进行协商，买方现在虽然已经感觉这个价格非常优惠了，但是他还想以更低的价格完成这笔交易，而且他觉得自己一定能以更低的价格买下这所住宅。不过这一次业务员也是有备而来，他向买方分析各种形势，并且十分坦诚地同买方进行协商，买方态度终于缓和下来，决定做出一定让步，同意再加价50万元人民币，即总价1450万元人民币，但买方同时声明不再提价，否则立即放弃这次交易。同时，为了表示自己购房的决心与诚意，还当场付了100万元人民币的斡旋金。

鉴于买方的坚决态度，业务员只能再找卖方进行商量，这一次卖方当然不肯轻易妥协，不过在业务员的巧妙周旋之下，卖方终于答应再把房价降低50万元，现在房价已经降到了最底线，卖方告诉业务员这是最后的价格，如果买方不同意，那他们就打算另外寻找买家了。现在买卖双方的差价只剩下50万元，虽然数目不太大，但双方态度都十分坚决，业务员感到这笔生意的成败很快就会有结果了。就在业务员为这两家的交易犯愁之时，买方找来业务员，告诉他："一个月前我在别处看过另一栋房子，论各方面条件，都比这所房屋更称心如意，只因为当时屋主不肯降价，几次交涉谈判未能成功，我只好放弃。可谁知事情已过去这么久了，我差不多已把这件事忘了，就在一个钟头前，那家中介公司突然打电话来告诉我，屋主愿意依我的价格出售，可我今天已在第二户下付了斡旋金，若房主仍不肯降价，固执己见，我衷心地希望您能退回这100万元。”

这突如其来的事情使业务员愁上添愁，因为他只是个中介性的角色，并无退款与否的决定权，除非屋主同意或屋主接受买方的价钱后，买方又反悔不准备买房，才能拒绝退回斡旋金。而眼前的情况是：一方言明不再降价，而另一方的态度更是坚决，中介者处在夹缝中，左右为难。解决问题的唯一办法是，尽快把信息传给房主，由房主决定结果。屋主听到消息后，也犯了难。既然买主更中意前一户房子，就有可能反悔，若自己答应他的要求却反遭对方拒绝，自己就有权没收他的斡旋金，这样就等于本钱下降了100万元人民币，以后再怎么卖都是赚。但赚这100万元人民币的前提是必须接受买方的价格——1450万元人民币，即需在原售价基础上再降价50万元；若不愿意降价50万元，他们全家马上就要移民国外，以后回来的时间肯定很少。目前时间紧急，如果失去这笔买卖，新买主不知何时出现，即使马上出现，也需要花费时间继续和其周旋，而且也不知下一位买主是否愿意花1450万元人民币的价钱！

此时的卖方陷入两难的境地，左思右想也找不出一个妥善的办法，而买方又以“前屋屋主催问甚急”为由不断来电要求中介早早回话，否则应立即退回斡旋金。谈判就这样陷入了僵局。经过几十分钟的深思熟虑，房主终于赌博性地同意以买方价格出售，若买方拒绝，则可顺理成章地将这100万元人民币纳入私囊。但最终的结果是，买方称心如意地以自己提出的价格买到那所住宅，而卖主则只能以低出底线50万元的价格赔本完成交易。

在这个案例中，我们看到，卖家从一开始就设置了自己的谈判底线——1500万元人民币。在谈判中，他应当坚守这条底线，不能轻易妥协到底线附近。然而事情的发展脱离了卖家的预料，先是买家出价1400万元，接着卖家就进行大幅度妥协，一口气降价400万元，此时卖家能够接受的价格1600万元已经非常接近底线了。

卖家的牺牲不可谓不大。但这样做能够换来买家的感动吗？当然不会，买家会认为卖家还有妥协的空间，所以一直拖延，不肯进行相应的妥协。这样一来，谈判态势就会变得很不公平，一方已经做出较大让步，另一方却还不肯满足。在这种情况下，卖家其实应当保持坚定的态度，不再继续动摇，否则只会丧失更多的谈判主动权。但可惜的是，卖家在中介的游说下做了错误的决策，最终房屋虽然出手，但卖家的利益却受到了损害——成交价比卖家购房时的成本价还低50万元。

由此可见，在谈判中虽然应当以积极的态度做出妥协，来避免出现僵局和谈判破裂，但是我们也不能因此走向另一个极端——向对方无原则地妥协，那最终吃亏的还是自己。所以，我们一定要学会在坚决中积极妥协，稳住自己的底线，不能轻易动摇，这才算是理解妥协艺术的真谛。

声东击西的妥协术

在战争中，高明的军事家常常会运用声东击西的战术出奇制胜。在商务谈判中，运用声东击西的妥协战术往往会为谈判双方矛盾的解决带来意想不到的效果。

经验丰富的商务人士经常发现，在许多商务谈判过程中，直来直往的强攻硬取往往只能适得其反，但又不能轻易放弃自身合理的利益需求，于是声东击西便成了获得利益的首选方式。

所谓声东击西，是指通过转移对方注意力的方法达到目的，即当谈判在议题上进行不下去时，既不强攻硬取，也不终止谈判，而是巧妙地将议题转移到无关紧要的事情上；或在对自己不成问题的议题上大做文章，迷惑对方，使对方顾此失彼；或者把议题迅速转移到对方最感兴趣的方面，然后通过适当满足对方的利益需求换取对方在我方利益上的妥协。这种谈判的特点是富有变化，灵活机动，避开对方的锋芒，且不破坏谈判的和谐气氛，从而使对方在毫无警觉的情况下实现预期的谈判目标。

其实不论怎样运用声东击西的战术，归根结底，都是一种妥协手段的灵活运用。因为放弃正在进行的、有利于实现自身利益的议题，这本身就是一种妥协行为。尽管这种放弃是暂时的，但这种行为的确显示出自己不固守僵局、愿意主动解决问题的妥协态度。运用声东击西的妥协战术往往会为谈判双方矛盾的解决带来意想不到的效果。

美国有一家药品公司出售一种特别昂贵的兽医外科用药，它的价格与竞争的对手相比高得吓人。由于价格过于昂贵，所以推销员们在推销这种药品时总要费尽力气才能说服兽医。但是有一位推销员却认为说服兽医购买这种药品其实并不困难，因为他有一种办法可以让兽医把关注的焦点从昂贵的价格上转移到其他方面。

比如，他在向兽医推销药品时会问兽医："您每次治疗时的用量大概是多少呢？"等对方回答之后，推销员就会这样告诉对方：用他们的产品，医治好每头牛仅多花 3 美分，而如果生病的是一只羊，那只要多花 0.5 美分就可以了。

兽医一听，觉得按照这种计算方法，价格并不算高，关键是这种药品的效果是同类产品无法相比的。如果选用其他便宜的药品，很有可能花上七八美分还治不好病，那还不如购买推销员介绍的药品。所以兽医们最后都会高高兴兴地和这位推销员签订购买合同，让他做成了不少生意。

推销员在与兽医谈判时，就采用了声东击西的办法，他没有直接告诉对方购买这种产品比其他同类产品每包要多花 30 美元，因为兽医们在听到这个价格后会望而却步。这样的话，兽医们恐怕连协商的余地都不会给推销员留下，更不要说愿意购买这种产品了。可是当他告诉对方治好单头动物只需花费极少的成本后，兽医们的注意力就从价格本身转移到了单次使用的成本上，之后他们在心中算一算账，就会知道购买什么产品更加实惠了。

在进行其他产品的销售谈判中同样可以采取这种策略，如汽车推销员可以这样转移购买者在价格方面的注意力：

推销员：“您现在的车每天用多少小时？”

购买者：“6 个半小时。”

推销员：“啊，如果您买我们的车，那么在车的使用寿命内，您可以得到全部的额外的机动性，更大的载重能力和更安全、更舒适的驾驶室，每小时仅花 6 美分，一个月仅仅多花费 20 美元。20 美元能买到什么？这仅仅是在普通的一个饭馆里一顿两人便餐。”

为了进一步打动购买者的心，推销员还可以表示愿意在售后服务、赠送礼品等方面做出妥协，通常情况下，购买者会愿意考虑购买这辆之前认为不可想象的汽车。

声东击西的策略实际上就是以转移对方的注意力为目的，主要在于缓和谈判桌上的紧张情绪，使谈判对手分神，然后再以微小但是能打动人心的妥协来赢得合作协议。

声东击西的策略在商务谈判中也经常被采用，除了以转移注意力的方式解决双方矛盾、化解谈判僵局，谈判者还常常运用声东击西的策略迫使对方做出重大让步。比如，有些商务谈判者原本打算在眼前的谈判中与对方达成协议，但由于双方之间出现难以解决的僵局，所以便假装到别处活动，或者拖延继续开始谈判的时间，或者与谈判对手的竞争者加强联系等。其实这些做法都是表象，目的是增加谈判对手的压力，以实现最终有利于自身的谈判结果。

我国某塑料编织袋厂厂长曾经以声东击西的策略，在与日本某纺织株式会社的谈判中以最低的价格完成了交易。

2017 年 5 月，这位厂长先与日方代表达成了正式购买编织袋生产线的口头协议，接着就带领厂里的谈判代表团在青岛开始与日方谈判。

在进行了一周的技术交流后，谈判进入实质性阶段，对方主要代表是国际业务部的中国课课长，他起立发言："我们经销的生产线，由日本最守信誉的 3 家公司生产，具有国际先进水平，全套设备的总价是 240 万美元。"课长报完价，漠然一笑，摆出一副不容置疑的神气。编织袋厂的厂长微微一笑，他内心十分清楚，对方是在狮子大开口，因为他们认为自己势在必得。

面对日方代表的嚣张态度，中方厂长起身回应："根据我们掌握的情报，你们的设备性能与贵国某会社提供的产品完全一样。我省另外一个厂家购买的该设备，比贵方开价便宜一半。因此，我提请你重新出示价格。"日方代表当然不愿意轻易让步，于是双方的首次谈判宣告结束。

第二天，谈判继续进行，日本方面把各类设备的价格开出了详细清单，又提出 180 万美元的报价。中方显然对这个价格并不满意，经过激烈的争论，生产线总价一点一点地被压到了 130 万美元。此时，日方表示价格无法再压，在后来连续 9 天的谈判中，双方一直就价格问题进行谈判，但始终没有协商成功，而且由于双方互不妥协让步，谈判陷入了僵局。

中方厂长知道自己是需要这套生产线的，但是他又知道日方肯定没到价格底线，所以现在还没到签字的时候。但是如果不做出妥协，对方也不做出让步，那这场谈判很可能就要在双方的僵持中破裂。这位厂长苦苦思索着，回顾谈判的整个过程，前一段基本上是日方漫天要价，我方就地还价，处于较被动的地位。如果对方以为中国方面是抱着一定要签约的态度与他们进行谈判，就难以再使他们让步。面对这种情况，这位厂长想到了声东击西的策略——他马上派人和另一家西方公司做洽谈联系，以机敏而著称的日商当然很快就发现了这件事，总价立即降至 120 万美元。

120 万美元的价格已经达到了当初厂里预定的目标，可是这位厂长通过其他途径了解到当时正有几家外商同时在竞销自己的编织袋生产线，面对这么有利的形势，他觉得应该紧紧抓住这次机会，迫使对方做出进一步的让价。既然有机会以更低的价格达成协议，为什么不试一试呢？这位厂长开始着手进行他的下一步行动了。

日方当然也知道 120 万美元的价格对于中国方面的意义，于是他们表示不会做出任何让步，而中方则利用有利的形势要求对方继续让价，谈判桌上的气氛十分紧张，面对中方代表的步步紧逼，日方代表震怒了：“我们几次请示总公司，4 次压价，从 240

万美元降到 120 万美元，比原价已降了 50%，可以说是仁至义尽，而如今你们还不签字，实在太没有诚意了！”说完后他还把公文包甩到了桌子上。面对日方代表表现出的愤怒情绪，中方厂长以低沉而不失威严的声音回答道：“先生，你们的价格和态度，都是我们不能接受的！”说完，同样怒气十足地把公文包甩在桌子上，那公文包有意没拉上锁链，经他这么一甩，里面那个西方某公司的设备资料与照片撒了一地。日方代表很快改变了态度，表示愿意和总公司商量考虑我方提出的条件。最后经过双方的进一步协商，最终以 110 万美元的价格达成协议。

在这个案例中我们可以看到，中方在谈判中很好地采用了声东击西的策略。在谈判陷入僵局时，他们没有强硬地逼迫日方降价，因为他们知道日方不可能接受这样的逼迫。所以他们转换思维，派人与其他公司洽谈，并且故意让日方知道这一消息，那么日方就会慌了阵脚，主动对价格进行妥协。当然，由于中方知道日方还有继续妥协的空间，所以后来又一次采用声东击西的办法，并故意在谈判中把其他公司的资料暴露出来，以表示“我们并不是一定要和你们做生意”。这样一来，日方为了促成交易，只好再次妥协。而中方也可以顺势进行合理的妥协，使得双方能够以一个合理的价格达成交易。

从这个案例中，我们可以学到一点：一味地强攻硬取有时不但无法实现自身的目标价值，而且还会破坏双方的友好合作关系。

所以说，有时候强攻不如智取，运用声东击西的策略通常能使对方的注意力转移，并有可能改变对方的立场，使对方能够做出之前无法做出的让步，而这对于谈判的成功会产生积极的促进作用。

突然提出时间限制

谈判双方谁都想赢，要赢就要考虑出奇制胜。当对手不肯同时或同幅让步时，可以走出别人想不到的棋路，从而获胜。突然提出时间限制便是谈判中出奇制胜的一种有效策略。

在谈判中突然提出时间限制，这一策略可以在谈判桌上给对方一个突然袭击，改变态度，使对手在毫无准备的形势下遭受重击而变得不知所措。对方本来认为时间宽裕，但突然听到一个要终止谈判的最后期限，而这个谈判是否成功又与自己有很大的关系，便感到手足无措。由于他们很可能在资料、条件、精力、思想、时间上都没有充分的准备，在经济利益和时间限制的双重驱动下，可能不得不屈服，在协议上签字。

2016 年 7 月，中国的一家公司准备从法国某电子公司进口

一批设备，便派遣一个小型的谈判团到法国去与对方谈判。可是在双方展开谈判后不久，中方代表就发现法方自恃产品在市场上占有优势，想漫天要价，法方开出的价格比市场上同类产品高出近 15%。

对此中方马上提出异议，并明确要求法方进行合理的降价。其实法方也知道自己的行为不符合谈判的公平原则，可是他们又很想从这笔交易中获得可观的资金，以弥补自己的资金缺口。于是在中方的再三要求下，法方十分不情愿地说："既然你们非要这么坚持，那我方只能勉为其难地让步了，我们降价 0.5%。"

法方想要用 0.5% 的微小降幅来搪塞中方，中方自然不会同意。中方代表拿出市场上同类产品的数据，对法方说："我们之所以选择贵公司的产品，并不是看中其技术的先进性。事实上，贵公司的产品也并非市场上技术水平最先进的，在运行性能方面也不是数一数二的。那么，我们为什么挑选与贵公司合作呢？一方面是因为贵公司的产品符合我们的需要，另一方面也是看中贵公司在行业中的名气。现在贵公司坚持不肯让步，我们就得重新计划此事了，毕竟，按照贵公司的报价，我们完全可以买到更好的产品。"

中方代表一番有理有据的说辞让法方有些动摇了。他们商量了一会儿，重新拿出一个报价，比最初的报价降低了 3%。但是中方认为这个价格距离自己的目标还很远，而法方坚持说无法再降价。双方互不相让，在僵持中，中方认为想要让法方大幅降价，就得使用非常办法，于是中方的几位代表一起从座位上站起来，其中谈判代表还从公文包里拿出一沓机票，展示给法方代表，并对他们说："其实我们来之前就做好了谈判失败的准备。这是明天上午9点回国的机票，如果你们能够接受我们降价15%的要求，可以在这个时间之前来找我们商谈。不过要注意不能晚于上午8点，因为那时候我们已经坐上去机场的出租车了。"说完之后，谈判代表一挥手，领着其他代表离开了会议室。

中方代表的行为让法方所有人瞠目结舌。这下法方彻底慌了手脚，他们知道除了自己的产品，中方确实还能找到其他替代品。但如果自己失去中方这个大客户，就会马上陷入巨大的危机。于是法方所有人都行动起来，他们闭门商谈，最后决定将价格下降到合理范围。因为担心中方代表会提前离开，所以法方在当天晚上8点就来到中方下榻的宾馆，明确提出可以将价格下降10%。

中方见法方这次的态度确实非常诚恳，便也做出相应的让步，最后，双方以下降12%的价格成交，法方代表这才松了一口气。

在谈判僵持阶段，中方出其不意，突然提出了时间限制，打得法方措手不及，并且让法方产生了强烈的紧迫感，才让谈判最终走向中方期待的方向。

当然，采用这一策略讲究一个"奇"字，它不是无往不胜的，一旦对方有了最坏的打算，并做出准备，最后通牒便失去了它应有的威力。因此，你一定要掌握好利用突然时间限制法的技巧：

出其不意，提出最后期限，要求谈判者必须有坚定的语气。运用此道，在谈判中首先要表现得语气舒缓，不露声色，在提出最后通牒时转为语气坚定，不使用含糊不清的词，使对方存有一线希望。因为谈判者一旦对未来存有希望，想象将来可能会给自己带来更大的利益，就不肯做出最后的让步。因而，坚定有力、不容通融的语气会替他们下定最后的决心。

提出时间限制，一定是明确、具体的时间。在关键时刻，不可以说“明天下午”或“后天上午”这类不明确的话。而应该是“明天下午 2 点钟”或“后天上午 9 点钟”这样具体的时间。这样会使对方有一种时间逼近且无法更改的感觉，使之没有心存侥幸的余地。

用具体行动支持你所提出的最后期限，并用具体行动来印证你所提出的最后期限，会使对方更加确信你的最后期限。

由谈判队伍中的领导发出最后通牒会更具可信度。一般人认为，人的级别越高，讲出的话越可信。当然，使用突袭这一策略必须把握谈话的分寸，不言过其实，要努力把自己摆在一个坚定而又温和的谈判务实主义者的立场。这就要求我们抓住对方急于成交的心理，促使其产生心理压力；不要过分贪婪，做出适当的让步；坚持用客观条件说服对方，使其心悦诚服，而非压制、强迫；不要趾高气扬，以势压人。

迫使对方让步

称职的谈判者善于在做出让步后向对方施加压力，迫使对方让步。迫使对方让步的目的不是让对方屈服，而是大家共同让步以获取双赢。

在上谈判桌前，要明白一个道理，谈判桌上没有单方面的退让。在你做出各种让步时，你必然也要求对方做出种种让步。

那么，如何才能更好地促使对方做出让步呢？对谈判人员而言，谈判中的利益不是轻易就能获得的，常常要经过激烈的讨价还价，才能迫使对方让步。在这一过程中，可以采取如下的几种战术：

在对方阵营中寻找突破点

把对方阵营中持有利于己方意见的人员作为突破点，以各种方式给予支持和鼓励，和对方结成暂时的同盟。这一战术须巧妙施用，不让对方察觉。只要对方谈判小组中的某一成员松了口，其内部必然乱了阵脚，此时乘胜追击，争取对方让步也就大有希望。另外，这种战术也可以使对方谈判小组的成员之间相互猜疑，从而瓦解对方的战斗力。

切香肠策略

假如你想得到一根香肠，而对手将它抓得很牢，这时你一定不要去抢夺。你先恳求他给你薄薄的一片，对此，香肠的主人不会在意，至少不会十分计较。第二天，你再求他给你薄薄的一片，第三天也如此。这样，日复一日，一片接着一片，整根香肠就全归你所有了。这种策略有许多好处。由于你每次要求的让步幅度很小，对方在心理上很容易接受，不经意间，对方就做出了让步。即使经过多次让步后仍未实现自己预定的计划，也能从多次让步中得到一定的好处。而且，这种促使对方让步的方式往往能突破自己的预想，对方的让步结果常常很好。例如，对方要求降低技术性能，己方就要求降低价格；对方要求提高技术性能，己方就要求提高价格或降低合格率等。此外，也可以从总体概念上互换，如对方接受自己的支付条件，自己就接受对方的报价；这一次自己做出让步，下一次对方应主动做出让步等。使用这种策略时，应注意尽量以小换大，以少换多，或者至少要相当，同时要尽量立即兑现，交换清账，减少延误。使用此策略贵在灵活适时，所以应早有准备，将所有可交换的条件整理记录在案，以便抓住相应的时机换取自己需要的条件。

示弱以求怜悯

人们往往会同情和怜悯弱者，因而比较容易答应弱者的要求。

在对方就某一问题要求我们让步时，假如我们没有正当的理由加以拒绝，但又不愿意在这方面做出让步，就可以装出一副可怜的模样向他们恳求。假如你的说法让对方觉得真实可信，他们很可能就会心软让步。在某些情况下，这种方法是值得尝试的。

进攻是最好的防守

以进攻来对付进攻，以进攻来阻止进攻，在你的防守难以支持的时候可以尝试。在对方就某个问题要求我们让步时，我们可以将该问题与另一个问题联系起来，要求对方在另一个问题上也做出让步，这实际上就是以让步换让步。当然，如果对方提出的要求损害了你的根本利益，或者他们的要求在你看来是无理的，你也可以拿出一个他们根本无法答应的要求回敬他们，让对方明白你是有准备的，没有丝毫让步的余地。

利用时间的力量

在谈判中，无论商谈什么事情，都会有合适和不合适的时间。时刻表的更改可以适时地增强或减少自己的议价力量。许多重大的决定常常是因为“时间到了”而做出的，因此人们在谈判中才会如此多地运用最后的时间期限这一策略来诱使对方让步，而且效果总是不错。

价格的威力也往往要借适宜的时间来展现，如果太早提出，即使是很好的价钱，也难以取信于对方，但是经过几天讨价还价之后，再提出的价格就容易被认可，这是许多人都清楚的事。略做让步之后，再突然换掉谈判人员，暗示对方，未来的让步已经没有多大的希望了,我们的要求你们也明白了,是否愿意成交呢？时间的压力很可能会使对方让步。

争取小方面的优惠

大部分人都没有多大耐性，无法集中很多的时间和精力在一件事情上。对于谈判者而言也是一样的,他们总是急于达成交易，尤其双方在主要问题方面已取得一致时更是这样。如果这时你再向对方提一个不太大的、不涉及根本利益的要求，他会因为不愿消耗太多时间和你争论小问题，急于结束这笔交易而很快地向你让步。

制造竞争

制造竞争是谈判中效果较好的技巧之一。它利用人们普遍存在的竞争心理，尽可能地寻找类型相同或相似的谈判对手，进行同一标的谈判，这样就可以在他们之间制造出竞争。俗话说“同行是冤家”，他们为了争取这一标的谈判的成功，必然会提出不同的优惠条件，你就可以用来压制不同对手的谈判要求，争取最大的利益，达到坐收渔翁之利的目的。

没有什么武器比制造和运用竞争更能迫使对方让步。当谈判一方存在竞争对手时，他的谈判压力会大大增加。这时，假如他的谈判对手聪明地给他这种暗示，强调他注意竞争对手，就比较容易迫使他让步。

对于大多数卖主而言，他们总是存在或多或少的同行，他们经营同类产品，为达成交易不断地、激烈地竞争。即便是实力较强的卖主，他也会担心竞争对手对自己造成威胁。因此尽量让谈判对手知道还有人能提供更优惠的条件，对手就有可能做出让步。

小丁在广州开了一个小型的装修公司，承接一些新房装修、旧房改造方面的业务。有一天，一位顾客上门，提出要对自己的房屋进行翻修，希望小丁能够给出一个报价方案。

在实地勘测后，小丁给顾客出具了一份详细的表格，费用合计为7.1万元。顾客拿着表格，看了一眼总价，脸上露出惊讶的表情："这个价格也太高了吧。"小丁连忙解释道："我们使用的是最好的材料，您可以看看后面的清单，都是从正规渠道购买的优质产品。还有我们的施工队也很专业，我敢说我给您的价格会让您觉得物超所值！"

顾客一边听一边皱紧眉头，他思索了一会儿，对小丁说："我很想选择你们公司，可问题是，你们在地板上的报价比A公司高2000元，电路报价又比B公司高800元，更让我无法接受的是，你们在阳台方面的报价，竟然比C公司高出整整5000元，你让我怎么敢选择你们呢？如果你们能重新修改报价，我或许会考虑与你们签协议。"

小丁听完顾客的话，不禁大吃一惊，他没有想到这位顾客竟然提前进行了“货比三家”的工作，而且顾客所说的价格属实。小丁为了不失去一桩生意，只得答应顾客修改报价。双方经过一番讨价还价后，小丁不得不在各个项目上都优惠了一些费用，最终，双方以 5.4 万元的价格签订了合约，这个报价比之前的报价整整少了 1.7 万元。虽然小丁不至于赔本，但能够从中获取的利润也非常有限了。

在这个例子中，顾客在谈判时就采用了制造竞争的战术，他指出其他装修公司在某个方面的报价低于小丁的报价，给小丁制造了不少竞争对手。在这种情况下，小丁心中难免会产生一种强烈的竞争心理，因为害怕顾客最后会选择竞争对手，所以小丁做出了更多的妥协，使得顾客可以获得一个非常实惠的装修价格。

我们平时在商务谈判中，也可以考虑采用这样的战术，这往往会让一些难以被说服的对手主动妥协。不过，也许有人会问，现实中并非任何时候都有那么多的谈判对手可以利用，当只有一个对手的情况又该怎么办？很简单，假想出一个第三者来压制对方。当然，假想的过程必须天衣无缝，否则只会适得其反。

要使用制造竞争的技巧，必须注意以下几点：对市场充分了解，熟知同类型的企业；事先做好使用这一技巧的思想准备；不被某一家的报价迷惑，坚持进行广泛的接洽。

挖灶增锅策略

《孙子兵法》上有增兵减灶之计，说的是在增加兵力之后，故意减少做饭的炉灶，用以掩盖真实的兵力，迷惑敌人，出奇制胜。在谈判中我们可以反其道而行之，为了增加费用，提高价格，增加讨价还价的筹码，同时还要在道理上讲得过去，故意多列名目，这可以称为挖灶增锅策略，也就是通过虚假信息来迷惑对手。挖灶增锅的效果在于，某个虚假条件被承认就意味着某种利益被承认。使用这种策略的关键是要有耐心，将报价单列得十分详细，大大小小的项目、方方面面的内容全都列入其中，让长达几十页的资料虚虚实实，防不胜防。这种方式比什么都不告诉对方的效果要好。不过要注意，"灶"要尽量控制得合理，还要尽量让对方难于核查。

"小气鬼"策略

在谈判中连鸡毛蒜皮的小事也不肯放过，做出一点让步就大肆渲染，这样做即使得不到具体的利益，至少能取得消磨对手锐气的效果。具体的做法是：让小步，计小利，一点一滴地计较。使用这种策略，应先算好大账，再算小账。表现小气时应立足于小道理。当对手正在使用此招时，自己就不能再用，而应用讥讽手法去刺激对方放弃；而当对方装大方时，自己再采用这个策略。

下面是买卖双方的一段谈话，从中我们可以体会到步步为营策略的有效性。

买方：“您这种机器要价750元一台，我们刚才看到同样的机器价格才680元，您对此怎么看？”

卖方：“如果您诚心想买的话，680元可以成交。”

买方：“如果我是批量购买，总共购买35台，难道你也要一视同仁吗？”

卖方：“不会的，我们会每台给予60元的优惠。”

买方：“我们现在资金比较紧张，是不是可以先购20台，3个月后再购15台？”

卖方犹豫了一会儿，因为只购买20台，是不会有这么多优惠的。但他想到最近几个星期不太理想的销售状况，还是答应了。

买方：“那么您的意思是以620元的价格卖给我们20台机器。”

卖方点了点头。

买方：“为什么要620元呢？凑个整数，600元一台，计算起来也省事，干脆利落，我们马上成交。”

卖方想反驳，但“成交”二字对他颇有吸引力，他还是答应了。

买方步步为营的蚕食策略生效了，他把价格从750元一直压到600元，压低了20%。虽然在卖方看来，买方确实是个地地道道的小气鬼，但是就靠着这一点一滴的敲打，买方确实为自己赚取了更多的利益，所以这也不失为一种谈判中可以采用的战术。只是我们在具体使用时，要注意把握分寸，见好就收，千万不要将对方逼到无法忍受的地步，那样只会带来“双输”而不是“双赢”的结果。

逐步升级的妥协术

逐步升级是谈判中容易取得成效的技巧之一。这是任何想避免被人剥削的谈判者都必须掌握的一种策略。这一策略运用得是否成功，取决于谈判者为何、何时以及如何使用。

假设你想卖掉一辆价值 85000 元的汽车，一个买者对你的广告做出反应。经过长时间的讨价还价，你很不情愿地接受了 75000 元的价格，买者还留下了 2000 元的定金。但是，第二天他只拿来了一张 70000 元的支票，而不是 73000 元的支票。他大声恳求并且解释，这是他所有能筹到的全部款项。在这种情况下，你还做不做这笔交易？可能大多数人只能无可奈何地接受。这就是逐步升级策略最生动的应用。

一般情况下，人们不会也不愿轻易做出决定。经过一轮又一轮艰苦的谈判，已经验证己方观点的正确性后，他们才会做出决定，而且以后都不愿再讨论这个问题。可在这个时候，你突然进行升级策略，如果升级的幅度不大，对方出于急于求成的心理，就可能会进行妥协，这时候他们想得到的与实际得到的结果之间的差别似乎变得不那么重要了。

我们不仅可以利用升级策略来使对方在做出决定之后再进行小幅度的让步，还可以让对方感到原先提出的价格有多么合理，这可以让他们减少犹豫，并会让他们对谈判结果更加满意。

有一家大公司的采购员准备向一名供应商采购一大批产品。最初，供应商提出了60万元的协议参考价。采购员没有马上答应，因为他之前已经进行了成本分析，估计这些产品可以用54万元购得。

由于双方未能达成协议，供应商提议过一段时间再谈这个议题，采购员也同意了。两个月之后，谈判再度开始。采购员本来准备了不少说辞用于议价，可没想到会议刚一开始，供应商便声明他上次喊错了价，现在至少需要70万元才可能做这笔买卖。

这一声明极大地动摇了采购员的信心，他的目标本来是要将60万元的价格“砍”到54万元，哪怕56万元也行。可是供应商突然采用了升级策略，将价格一下子提升了10万元，这就让采购员感觉自己的目标遥不可及。他的心情沮丧极了，觉得自己应该在第一次谈判时就答应60万元的价格，而现在只怕报价60万元都会被供应商拒绝。

供应商看穿了采购员的心理，但他什么都没有说，而是按照正常的流程与采购员讨价还价起来。等到谈判结束，采购员发现自己“仅用”60万元就买下了这些产品，不禁暗自高兴，还不停地感谢供应商，说以后一定要继续合作。

供应商巧妙利用了升级策略，顺利地完成了谈判。本来采购员对60万元的价格还犹豫不决，可当供应商将价格升级为70万元时，采购员就觉得还不如接受 60 万元的价格。如此一来，采购员就会主动进行妥协，供应商不但不用多费口舌，还赢得采购员的好感，这就是升级策略的魅力所在。

当然，我们在巧妙利用升级策略的同时，也要预防对方利用升级策略迫使我们让步。所以如果在谈判中发现对方正在采取升级策略，你就要及时地表达自己的决心，并警告对方不能走得更远，这样对方会有所收敛，你也就不会误入对方设下的升级陷阱了。

让步的十三项注意

为了争取互利互惠的让步，我们必须时刻提醒自己：不要落入对方的陷阱，不要忘记谈判的目的！

关于让步有一条非常重要的原则：不要接受最初的价格！如果第一次出价超出自己的预期，许多人常常会立即接受。但事实上，也许对方并没有想到会以这个价格成交，他们已经做好了让步的准备，你这么快接受他们最初的价格，不仅不会让他们觉得满意，还会使他们有一种摸不着头脑的感觉。不管在什么情况下，太快接受出价总是不合理的。

2017 年 6 月，张先生到北京旅游。这天，他来到潘家园旧货市场，想在那里碰碰运气，看看能不能淘到什么好东西。

张先生到处转着看着，在一个摊位上看到一些古铜钱，便驻足细细研究起来。张先生平时有收藏铜钱的爱好，这些铜钱的品相虽不完美，但还是有一定的收藏价值的，张先生不禁心动了。他在心中估算了一下价格，打算花不超过 2000 元的价格将这些铜钱全部买下。

摊位老板是一个 20 多岁的年轻人，他似乎对自己的生意很不上心，只顾捧着手机聊微信。张先生好不容易等到他闲下来，就问他："小伙子，你这些铜钱怎么卖？"

老板愣了一下，想了想说："这是我爷爷的珍藏，他让我卖贵点，你给 1200 块钱吧。"

张先生一听，心中一乐，但是他没有表现出自己的态度，而是对老板说："这太贵了吧，你看这铜钱都磨损成这样了，要不是我平时爱攒点这个，我还真不想买。给你 500 元，卖不卖？"

老板一听，马上点头道："行！500 元就 500 元，我给你找个盒子装上哈！"

看老板答应得这么爽快，张先生心理又"打鼓"了："糟糕，我该不会被骗了吧。"可是眼看着老板已经将铜钱装好递了过来，张先生也不好意思拒绝，只得掏出 500 元，带走了铜钱。

事后张先生越想越不对劲，总觉得自己是上当受骗了。后来为了这件事更是吃不下饭、睡不着觉，家人担心他的健康，便找了一位鉴定专家帮他鉴定了一下，结果专家告诉他这些铜钱的市场价值最少有3000元。张先生这才转忧为喜，可他还是想不明白那个年轻的老板为什么会那么痛快地接受自己的出价。

在这个案例中，年轻的老板就在让步时犯了一个错误，他不应该马上接受张先生500元的出价。这样做反而使张先生担心铜钱有瑕疵或者铜钱是假货。如果这种事情发生在谈判桌上，那么谈判很有可能会走向破裂。所以无论如何，你都不应该匆忙接受对方的第一次出价，而应当要求对方将出价进行调整，这才是谈判中合适的行为。

另外，在面对对方的一次次出价时，你应当始终牢记：大多数的利益总是在重要问题上立场最坚定的人那里。所以你要坚守住自己的立场，不要轻易让步——这一原则要特别告诫那些总爱对人做出承诺的人。尽量争取对方的许诺，但千万不要轻易对对方做出什么承诺。哪怕对方一定要你做出承诺，你也得把你的每一个承诺都预计在让步中，并让对方为此付出相应的代价。

此外，为争取互利互惠的让步，我们还应注意以下十三项：

1. 掌握让步的技巧。前面所列的种种让步类型和让步技巧，都要根据具体情况做具体分析，切忌生搬硬套。必须根据对方的情况、己方的情况、谈判场上的进展情况等，选择不同的让步策略，计算出不同的让步幅度，目标只有一个——争取最大利益。

2. 把握让步的重要心理因素。人们对轻易得到的让步往往不以为然，拒绝做出相应的让步，更谈不上较大的让步；相反，对方珍视从你手里费了九牛二虎之力争取来的微小让步，而且他可能愿意为此付出较大的代价，愿意做出较大的让步来作为回报。因此，让步技巧中的重要经验是：不要轻易让对方从你手里获得让步。

3. 除了必须要做出的让步，也可以在较小的、不太重要的问题上先做出让步。这样可以促使对手在更大的条件上做出让步来回报自己。

4. 你的让步应该是有回报的。你的每次让步应该可以从对方那里获得好处。而对于对方的让步，你不必立即做出让步来回报，或者不必做出同等幅度的让步来回报。

5. 谈判场上有你崇拜的精明、能干的人，因此不要想通过让步来赢得对方的好感，这种人常常不是被对方看作愚蠢，就是被对方看作无能。

6. 在最后关头才做出让步。明智的谈判者要避免谈判一开始就对对方的要求做出让步！开局就做出让步的谈判者，往往是处于弱势、渴望做成交易、尽快达成协议的一方，在谈判过程中要坚决避免这种做法。

7. 以让步换让步，把己方的让步与对方的让步挂钩。没有得到对方的某个交换条件时，不要轻易让步；没有经过重大讨论时，也不要做出免费的让步。

8. 当我们明确地做出让步时，要向对方声明：其实我们做出这个让步是与公司的原则或者公司主管的指示相背离的，所以，我们只能做出这样一个让步。即便这样，我们已经很为难了，因此，贵公司也应该有所回报，让我们能对公司有个交代。

9. 让对方先开口讲话。让他叙述所有的要求，这时候应该先隐藏自己的要求，尽最大可能让对方先在重要问题上让步，可以先在一些无关紧要的小问题上让步，有时不妨试试做出一些于己无损的让步。

10. 如果你无法吃到大餐，也应该努力设法吃到三明治；如果吃不到三明治，喝一杯茶也是可以的。

11. 没有必要做出完全同幅度的让步。

12. 抛砖引玉。谈判的要点不在于我让你三次，你只让了我两次，而在于你一次让步的价值是不是大于我三次让步的总值。

13. 不要不好意思说“不”。大部分人都怕说“不”，其实你可以用适当的方式说“不”，如果你耐心地说了多次“不”，对方便会相信你的诚意。

让步的十个禁忌

做任何事都不能无所顾忌，商务谈判也不例外。

谈判者在做出让步时并非无所顾忌。如果单纯为了追求达成交易而进行让步，就很有可能会在不知不觉中陷入对方设下的各种陷阱中，虽然双方最终能够达成协议，但己方的利益却被对方无情地侵吞了一部分，这样的结果并不符合让步的初衷。因此，在谈判中做出每一个让步时，都必须再三考量，否则就有可能出现下面案例中令人遗憾的情况。

周杰是四川省一家农机设备厂商的销售员，两年来，他一直努力与湖北的一家公司联系，想要向对方推销产品，可是对方一直不为所动。直到有一天，周杰突然接到该公司打来的电话。得知对方想要订购一批设备后，周杰不禁欣喜若狂。可是，对方也提出一个苛刻的条件：要求周杰必须在一个半月内完成所有产品的交付，而正常情况下交货期限都是三个月。

周杰不敢随意许诺，于是先回到厂里，与生产部门的同事进行一番周密的测算，最后得出结论：一个半月根本不可能完成交货任务，就算是以最快的速度进行设计、生产、安装，也需要至少两个半月的时间才能完成全部工作。

周杰带着忐忑的心情来到湖北，与那家公司展开谈判。周杰告诉对方最快的交货日期是两个半月，而货款的价格是 130 万元，此外对方还需要支付安装和运输成本，合计约为 11.2 万元。对方听完后一口回绝，并用非常坚定的口吻表示一定要在一个半月内收到所有货物，否则交易只能取消。

眼看自己几年来花费的心血都要化为泡影，周杰感到十分焦急，他费劲唇舌，也没能说服对方。最后他脱口而出道："如果贵公司能够接受两个半月的交货时间，我方可以承担一部分运输成本。"听到这句话后，对方似乎有些动心，但仍然表现得十分犹豫。为了彻底说服对方，周杰又做了几次让步，终于，对方"十分勉强"地答应了周杰的条件，而周杰则代表厂家承担了大部分运输成本和全部的安装成本，最终对方除了 110 万元货款外只需要支付总额不到 2 万元的空运成本。

带着签完字的合约，周杰兴冲冲地回到厂里向厂长汇报情况。厂长听完整个过程后却露出疑惑的表情："我觉得他们根本就没有那么着急，送货日期根本就不是问题，他们在这方面大做文章，恐怕就是为了让我们承担安装和运输成本。"听完老板的分析，周杰这才清醒过来，他反复回顾谈判全程，发现中了对方的圈套，可是协议已经达成，再也没有反悔的余地了……

在这个案例中，销售员在与对方谈判时，就没有做到足够审慎，结果不小心中了对方设下的圈套。对方故意在交货期限上大做文章，提出一个无法完成的目标，吸引了销售员的全部注意力。等到销售员将主要的精力放在如何让对方延长交货期限的问题上时，就会忽略对方实际关注的安装和运输费用问题，结果白白做出不适当的让步，让己方的利益遭受一定的损失。

由此可见，在决定让步前一定要提醒自己："小心些，再小心些！"为了不让自己犯和这位销售员相似的错误，以下这些让步的禁忌是你应该牢牢记住的：

1. 一开始提出的要求不要太接近你最终的目标。一个负责签订合同的政府重要官员曾说过这样一番话，很值得我们学习：

每一次谈判，你都应认识到对方，除非太天真，总是先提出最高的要求。同样地，你也应认识到对方，除非是笨蛋，无论如何也不愿暴露自己的最低要求。

2. 别以为你的要求已经足够高了。很可能你的要求很一般，很容易满足。对方可能都不知道自己想要什么，或者对方对于价格的认识与你根本就不相同。

3. 不要没有回报的让步。没有回报，或是没有经过激烈的讨论，就不要轻易做出让步。

4. 不要接受对方第一次的要求。许多人往往因对方的要求与自己预期的一样，便投降了。事实上，对方可能愿意再做出让步；而且，对方可能会觉得你太愚蠢。因此，无论遇到哪种情况，你都不应该太急于接受第一次的报价。

5. 失败的让步可能会进一步分化谈判各方，而不是使之不断地持平。一个让步的出现可能被对方看成其成功与优势的信号，于是对方的气势便不断地增强。

6. 不要因对方说，鉴于某些规则或是制度不能做出妥协，你就随便同意。要记住，条件都是可以商量的。

7. 别忘了你所做出的让步。总的让步水平对你谈判的优势和劣势有重要的作用，最好能做个记录。

8. 不要降低自己的灵活度。灵活度就像你账面上的钱，每做出一个让步，离你最低的要求就会接近一点。但当所有可能的让步都已经做出，僵局就很难避免了。

9. 不要拘泥于某个特定条件的让步，谈判的全局要比单个的条件重要得多。应该让对方了解所有的让步都是不确定的，都是建立在你对整个协议满意水平的前提下。人们常常在不该让步时，咬紧牙关执行做出的允诺，担心说话不算数会影响自己的诚信。这种坚持往往会让你吃大亏，尤其是在对方根本就不讲信用的情况下。

10. 谈判之前要将各种条件都列出来，包括谈判的水平、最低的界限以及每个条件的最初要求。一个积极的建议是每个条件都应有“必须”与“可让步”的辨别，两者要结合起来以随时限制每一让步的弹性。

谨防时间圈套

时间对每个人都是公平的。它既不会给你多一点去考虑如何击败对手，也不会给对方多一点来反击你。虽然我们无法控制谈判中的时间，但我们可以细心研究一下时间对谈判过程的影响。

谈判的时间限制对任何一个谈判者来说，都是一种无形的巨大压力。例如，大多数谈判都有截止期，濒临截止期的时候，谈判者就会感到强大的压力，很有可能会停止犹豫，做出决定。所以我们会发现，很多谈判中的实质性阶段往往就是接近截止期的几分钟。在这种情况下，如果你知道对方的截止时间，而他却不知道你的截止时间，很显然你占了绝对优势。相反，如果你是个拘泥于时间的人，而对方不在意截止时间，那么你可能就处于被动状态。

正因为这样，有经验的谈判者就会巧妙地给对方设置时间圈套，以此来达到自己的目的。而在下面的案例中，还出现了一种有趣的情况：谈判者不小心落入自己设置的时间圈套，向对方做出妥协。

在英国的某个乡镇里，由 12 个农夫组成的陪审团在审理一起案件的过程中，已有 11 个达成一致的看法，认定被告有罪，但另一名农夫却表示异议，认为被告无罪。

当地法律规定，只有当所有的成员一致通过的情况下，陪审团的判决才能成立、生效。为了使陪审团绝大多数关于被告有罪的判决能够最终成立，获得一致通过，11 个农夫花了将近一天的时间，费尽唇舌地想使这位农夫改变原来的看法，以使审判尽早结束，可是那位农夫竟然一点让步的意思都没有。

这时，天空中布满乌云，一场大雨就要来临，那 11 个农夫很着急。可是那个农夫却仍然不为所动，坚持己见，而那11个农夫个个急得像热锅上的蚂蚁。随着“轰隆”一声雷鸣，那11个农夫的立场动摇了，他们转而一致投票赞成另一个农夫的意见：宣布被告无罪。

本来坚持被告有罪的11个陪审员的实力显然要比那1个主张判处被告无罪的陪审员的实力大得多，但由于那1个人坚持己见，而11个人却为自己设置了一个时间圈套——一定要赶在下大雨之前达成协议。结果这个时间圈套迫使他们自己在时间的压力面前放弃从前的主张，进而做出妥协和让步，按照那1个陪审员的意见达成协议。虽然那1个陪审员并没有有意识地去做时间圈套，但当对方给自己设置下最后期限的陷阱时，他毫不改变立场，最终使对方自己设置的时间圈套发生了作用。

在买卖谈判中，买卖双方都可以各自从或实或虚的角度出发，设置不同的时间圈套来造成对方的心理压力，实现交易的最佳效果。美国谈判大师嘉洛斯在他的巅峰之作《商业谈判》一书中提出的“期限的力量”的诀窍，实质就是买卖双方各自为买卖型的谈判所做的时间圈套，现照录如下：

卖主对于时间的压力非常敏感，以下是买主用来刺激卖主完成交易的9个最后期限：

1. 我于5月30日以后就无钱购买了。

2. 明天以前，我需要知道一个确定的价钱。

3. 我要在下星期之前完成订货。

4. 如果你不同意，我明天就要找别的卖主商谈了。

5. 我不接受 5 月 1 日以后的估价单。

6. 星期三以后，我就不一定买了。

7. 这是我们的生产计划书，假如你不能如期完成，我们只好另请高明。

8. 我们的财务年度在 12 月 9 日就要结束了。

9. 我明天就准备返程，你究竟接不接受这个价格呢?

经验告诉卖主，某些最后期限能够促使买主决定购买。以下的 9 个方法，可促使原本无心购买的买主决定购买：

1. 7 月 1 日以后价格就没这么便宜了。

2. 这个大优惠只在 15 天内有效。

3. 大拍卖将于 6 月 30 日截止。

4. 如果您再不惠顾，我们就要倒闭了。或者是，结束在即，大拍卖，欲购从速。

5. 如果你不在 6 月 1 日之前给我们订单，我们将无法在 6 月 30 日之前交货。

6. 生产这种货物，需要整整 8 个星期的时间。

7. 唯有立刻订货，才能确保买到你所需要的货物。

8. 有艘货轮将在本日下午 2 点开船，你要不要马上购货，赶上这班船呢?

9. 如果你的货款明天还不能到，这些货物就无法为你保留了。

在这些“时间圈套”面前，我们应该注意到，里面提到的时间可能是真的，也可能是编造的，所以不可不信，也不可全信，一定要慎重地选择对付的措施。而在己方运用时间圈套的手法时，一般是在谈判形势对己方有利，对方欲达成协议的心情比较迫切时才有效。倘若形势本来就对己方不利，而对方又不急于成交，那么这种时间圈套不但不能起到应有的作用，反而还会损伤双方的和气，给谈判的双赢结果设置障碍。

由上面这些时间圈套可知，时效的压力对谈判来说是很严肃的，它迫使人们迅速做出抉择。一旦有一方接受了时效的条件，那么谈判的后果就难以预料了。

另外，在防范时间圈套的同时，我们还应当注意以下几点：

谈判者的思想集中程度一般会随着时间发生变化。也就是说，在谈判的开始阶段，谈判者的思想集中程度一般都会很高；进入中段之后，思想集中程度会渐渐下降；在临近谈判结束时，谈判者的精力又会形成一个高度集中的高峰。这种变化曲线也同样适用于在一段时间里进行若干次的谈判：如果某项谈判要进行 6 个星期，那么在一开始的半个星期左右，人们的精力总会比较充沛而集中；在接下去的 5 个星期里，谈判者精力的充沛程度和思想的集中程度会逐渐下降；在即将结束的最后一两天里，人们又会出现“最后冲刺”式的精力高涨和思想集中。显然，在精力充沛和思想比较集中的时期去运用时间，其有效性往往会大大提高。这说明让步的期限应集中在“最后冲刺”的阶段，无论对买方还

是对卖方都适用。

大部分的妥协都是在最后发生的，这就要求谈判者一定要有耐性。谈判者应尽量控制情绪，冷静寻找有利时机。忍耐总是有回报的，等一等，忍一忍，事情或许会有转机。

谈判时，最好的策略就是别让对方得知你的截止期限。截止期限是人为的产物，它的弹性远远超出人们的意料，绝不要盲目遵从已设下的期限，考虑一下超过期限的后果是否值得，再做决定。

不要被对方冷静的外表所迷惑，无论是谁都有期限存在，在他们沉稳的面具之后有时隐藏着巨大的压力。

我们要在肯定有相对代价时，再做承诺。天下没有免费的午餐。一般而言，一蹴而就的交易通常不是最好的交易。往往在交涉的最后阶段，由于对方的改变，我们会尝到更甜美的果实。

谈判中的让步策略

成功一定有方法，为了推进谈判的成功，必须遵循一定的让步策略！

为了促进谈判协议的达成，谈判双方在谈判过程中可能在某种程度上都做出一些让步，但是我们还不知道究竟应该让多少。如果做出比对方期望更大的让步，那么这场谈判就是失败的。

在这场谈判过程中，我们有以下两点是必须要遵循的：一是沉默。每一次开出条件后，你应该耐心地等待对方对此条件做出的反应。在等待的过程中，耐心和沉默是最好的谈判武器。不要把对方的沉默不语当成是对你的拒绝。如果这时你沉不住气先做出让步，那就太不明智了。一定要等对方回应之后再做出决定。二是立场坚定。采取一种非常坚定的态度，说明你希望在谈判中得到更多以便使你的利益最大化，或者要保存自己接下来谈判的机动空间。坚定往往可以制造一种氛围，使对手认为让你做出让步已是不太可能，与其拖延时间，还不如自己先妥协一下，以便尽早解决问题。因此，立场坚定确实是一种缩短谈判时间的有效方法。

除了以上两点，还有一点必须要注意，那就是让步的方式。这一点在谈判中很重要，让我们来看这样一个例子：

莎利和琳达都要船运一批电脑零件，她们正在和各自的委托人商谈每个单件的价格。

琳达做出了三次让步，每个单件每次都让了 4 美元，最后一共让了 12 美元。与之相对，莎利做出了四次让步，分别是 4 美元、3 美元、2 美元、1 美元，最后总共让了 10 美元。

在这时，她们都对船主说这是她们最后的让步了，不能再让了。可是比较起来，莎利就容易使人相信。因为通过她做出让步的方式，可以看出她的让步越来越小，说明可以让利的空间在逐渐减小，很有可能已经到达了尽头。可是琳达就不一样了，因为她三次都做出了同样的让步，所以船主不太相信她的话，尽管事实上，琳达做出的让步要比莎利的大。

这个案例就说明让步应当掌握策略。让步的方式虽然多种多样，且它们都能达到相近的目的，但是它们的效果和人们为此做出的努力却是不同的。我们寻求理想的让步方式，是为了尽量高效地达到最好的结果。

有的谈判者在谈判过程中连连让步，即使这样也未必能获得对方的好感，更别指望赢得谈判，这就是没有掌握让步策略的结果。经验丰富的谈判者知道，为了达到自己预期的目的和效果，必须把握好让步的尺度和时机，至于如何把握，只能凭借谈判者的机智、经验和直觉处理，但这并不是说谈判中的让步是随心所欲、无法把握的。恰恰相反，这些谈判者在谈判前就对怎样让步胸有成竹，到实践时，再凭借他们准确的观察和谈判能力加以灵活运用，施展心中已有的让步方案。

具体来看，优秀的谈判者在谈判中常常会用到以下几种让步策略：

一次到位让步

在谈判的前一阶段，谈判一方一直很坚决地不做出任何让步，但到了谈判后期却一次做出最大的让步。这种让步是对那些锲而不舍的谈判对手做出的。如果遇到的是一个比较软弱的谈判对手，可能他早就放弃讨价还价而妥协了，而一个坚强的谈判对手则会坚持不懈，不达目的誓不罢休，继续迫使对方做出让步，他会先试探情况，然后争取最大的让步。在这种谈判中，双方都要冒因立场过于坚决而出现僵局的危险。

这种让步策略的好处是：前面阶段的拒绝与强硬，是为了向对方传递本方的坚定信念。如果对手缺乏毅力与耐心，有可能使本方在谈判中获得较大利益。当本方在最后阶段一次性让出本方的全部可让利益，对方会有险胜感并给本方留下既强硬又大方的强烈印象。不过，在采用这种方式时应准备好解决两个问题：一是对方在再三要求让步而遭到拒绝的情况下，可能等不到最后就离开了谈判桌；二是最后让步虽然很晚，但是幅度过大，往往会使对方进一步纠缠。

2016年5月，中国南方某市工艺品公司作为供货方与某外商就工艺品买卖进行谈判。谈判开始后，中方谈判人员坚持800元一件的价格，态度十分强硬，而外商只出500元一件的价格，也毫不示弱。谈判进行两天，没取得任何进展。外商提出休会再谈一次，若不能取得共识，谈判只能作罢。中方坚决不退让，眼看谈判即将破裂。

第三天谈判继续开始，双方商定最后阶段谈判仅为 3 个小时，因为没有办法破解僵局，再拖延下去只会浪费时间。然而，谈判进行了 2 个多小时，仍然毫无进展。在谈判剩下最后 10 分钟时，双方代表已做好退场的准备，这时中方首席代表突然响亮地宣布："这样吧，先生们，我们初次合作，谁都不愿出现不欢而散的结局，为了表现我方的诚意，我们愿把价格降至 660 元，但这绝对是最后的让步。"外商代表先是一惊，而后沉默好几分钟，就在谈判结束的钟声即将敲响之时，他们伸出了手说："成交！"

在这次谈判中，中方采用的就是"一次到位"的让步策略，在做了最大限度的坚持后，他们一次到位地让步，既促成了交易，也博得了对方的信任，可以说是一种非常高明的让步思路。

坦诚以待让步

在让步阶段的一开始就全部让出可让利益，而在随后的阶段里不再让步。这种让步策略坦诚相见，比较容易打动对手采取同样的回报行动来促成交易成功。同时，率先做出大幅度让步会给对方以合作感、信任感。直截了当地一步让利也有利于速战速决，降低谈判成本，提高谈判效率。

采用这种方式时要注意，相比较于一次性大步让利，有可能失去本来能够力争到的利益；这种让步操之过急，会使对方的期望值增大从而进一步讨价还价，强硬而贪婪的对手会得寸进尺，而本方可出让利益已经全部让出，因此在后面的阶段皆表现为拒绝，这样一来就可能导致僵局。但如果在谈判中处于劣势，或是与老客户谈判，双方都很熟悉，采用这种方法也未尝不可。

逐步让步

这种策略逐步让出可让之利，并在适当的时候果断停止让步，从而尽可能最大限度地获得利益。

这种让步策略在具体操作时又有不同的形式：

1. 等额让步。即在让步的各个阶段等额地让出可让利益，让步的数量和速度都是均等稳定的。国际上将这种挤一步让一步的策略称为“色拉米”香肠式谈判让步策略。这种策略的优点是：对于双方充分讨价还价比较有利，容易在利益均沾的情况下达成协议。由于让步平稳、持久，坚持步步为营的原则，这样不仅使对手不会轻易占到便宜，而且如果遇到性急或没有时间长谈的对手，还会因此占据上风而获利。

对于采用这种退让的要求是：步步为营，稳扎稳打；态度谨慎，言语适度；既不张扬，也不胆怯。但采用这种形式让步要注意的是：它不仅让步效率低，通常要消耗双方大量的时间和精力，使谈判成本增高，而且容易使人产生乏味疲劳之感。由于对方每讨价还价一次都会获得一份等额的利益，如果对方是个有耐心的人，这种让步形态会鼓励他继续期待进一步得到让步。

这种策略适用于竞争比较激烈的谈判。在缺乏谈判知识或经验的情况下，或在一些与陌生人进行的不熟悉的谈判中运用这种策略，效果会比较好。

2. 小幅度递减让步。己方在谈判过程中，让步的额度逐渐减小，这有助于表示出你越来越坚定的立场和态度。它虽然显示着你愿意妥协，但是防卫严密，不会轻易做出让步；也提醒对方，他能得到的好处越来越少了。

3. 中等幅度递减让步。这种形态的让步与前一种有点相似，只是让步的递减梯度比较大一些。它表示出你比较强烈的妥协意愿，但同时也告诉对方，你所做出的让步是有限的。在谈判的初期，这种做法有提高你期望的危险；但是随着让步幅度较快地减小，你渐渐趋向于一个坚定的立场时，危险也就逐渐降低。

4. 递增让步。这种方式是以谈判一方在谈判中每次递增让步幅度的形式实施的。这种让步方式往往会给妥协方造成重大的损失，因为它引导对手相信：只要坚持到底，更令人满意的结果会出现。看着让步越来越大，对手的期望随着时间的推移也越来越大，要求越来越苛刻，态度也越来越坚决，这对于妥协方而言很不利。

5. 大幅度递减让步。这种让步的形式比较危险，谈判一方一开始就做出很大的让步，这将会大幅度地提高对手的期望值，而且这么大的让步也会让其感觉很意外。但是，接着妥协的一方可以拒绝让步，以及最后为达成交易用小小的让步来抵消这种对自己不利的效果，让对方清楚，即便再进一步讨论也是徒劳无功的。

6. 大幅度递减但略有反弹。其实，这是从上一种方式演变而来的。它们的区别在于，谈判一方在拒绝让步时态度极为坚决，反而将其价格又略微地上浮一些，这是对谈判对手做出的一种对抗或反攻；其后，再次做出一点小小的让步，使对方欣喜若狂、更加珍惜，从而迅速达成交易。

以上所述的让步策略各有特点及利弊，分别适用于不同特点、内容和形式的谈判。当然，让步策略与形式并非具有同样的模式，但它确实需要谈判者对让步有计划性，事先就能做到胸有成竹；而且在让步的时机与尺度上要有意识地表达自己的态度和决心。另外要注意在让步中争取到对方的心理满足，才能实现让步的最佳效果。

本章精彩观点

- 寻找和创造更多的附加价值是商务谈判活动的主要目标之一，附加价值的创造实际上就是最大目标价值的实现。
- 成功一定有方法。为了促进谈判的成功，必须遵循一定的让步策略。
- 当常规的方法不能奏效时，试试一些特殊的方法，说不定会有“出奇制胜”的惊喜。

图书在版编目 (CIP) 数据

谈判的艺术：如何用妥协的智慧实现双赢 / 于反主编 .—北京：中国法制出版社，2019.3

ISBN 978-7-5216-0065-0

Ⅰ. ①谈… Ⅱ. ①于… Ⅲ. ①谈判学－通俗读物 Ⅳ. ① C912.35-49

中国版本图书馆 CIP 数据核字（2019）第 041561 号

责任编辑：李　佳（amberlee2014@126.com）

责任编辑：李　佳　周熔希　　　　封面设计：汪要军

谈判的艺术：如何用妥协的智慧实现双赢

TANPAN DE YISHU：RUHE YONG TUOXIE DE ZHIHUI SHIXIAN SHUANGYING

主编 / 于　反

经销 / 新华书店

印刷 / 三河市国英印务有限公司

开本 / 880 毫米 ×1230 毫米　32 开　　　　印张 / 8　字数 / 157 千

版次 / 2019 年 3 月第 1 版　　　　2019 年 3 月第 1 次印刷

中国法制出版社出版

书号 ISBN 978-7-5216-0065-0　　　　定价：39.80 元

北京西单横二条 2 号　　　　值班电话：010-66026508

邮政编码 100031　　　　传真：010-66031119

网址：http://www.zgfzs.com　　　　编辑部电话：010-66054911

市场营销部电话：010-66033393　　　　邮购部电话：010-66033288

（如有印装质量问题，请与本社印务部联系调换。电话：010-66032926）